Meyer · Marketinginformatik

4.2. MEY
D1935892
Europäische Wirtschaftshochschule
E 1 30 92
Berlin – Bibliothek

Jörn-Axel Meyer

Marketinginformatik

Grundlagen und Perspektiven der Computerintegration

EAP Europäische Wirtschaftshochschule
E 1 30 92
Berlin – Bibliothek

GABLER

Dipl.-Ing. Jörn-Axel Meyer ist wissenschaftlicher Mitarbeiter an der Technischen Universität Berlin. Er arbeitete insbesondere am Projekt der Deutschen Forschungsgemeinschaft „Computer Aided Marketing“ mit.

CIP-Titelaufnahme der Deutschen Bibliothek

Meyer, Jörn-Axel:
Marketinginformatik : Grundlagen und Perspektiven der Computerintegration / Jörn-Axel Meyer. – Wiesbaden : Gabler, 1991
ISBN 3-409-13383-6

Der Gabler Verlag ist ein Unternehmen der Verlagsgruppe Bertelsmann International.

© Betriebswirtschaftlicher Verlag Dr. Th. Gabler GmbH, Wiesbaden 1991
Lektorat: Ute Arentzen

Das Werk einschließlich aller seiner Teile ist urheberrechtlich geschützt. Jede Verwertung außerhalb der engen Grenzen des Urheberrechtsgesetzes ist ohne Zustimmung des Verlages unzulässig und strafbar. Das gilt insbesondere für Vervielfältigungen, Übersetzungen, Mikroverfilmungen und die Einspeicherung und Verarbeitung in elektronischen Systemen.

Druck und Bindung: Präzis-Druck GmbH, Karlsruhe

Printed in Germany

ISBN 3-409-13383-6

Vorwort

Dieses Buch richtet sich an Marketingmanager und Studenten des Marketing, die ein grundlegendes Verständnis für moderne Informations- und Kommunikationstechnologien und deren Anwendungen im Marketing entwickeln wollen.

Mit der zunehmenden Computerisierung im Marketing sind viele Manager überfordert, es fehlt an grundlegenden Kenntnissen über die verwendeten Technologien.

Das vorliegende Buch soll diese Kenntnisse zur Verfügung stellen. Es entstand geleitet von Überlegungen über die zukünftige Computerintegration im Marketing, die im Rahmen eines Projektes der Deutschen Forschungsgemeinschaft an der Technischen Universität Berlin (Lehrstuhl Professor Dr. Volker Trommsdorff) durchgeführt wird. Ausgehend von einem Modell und einem Szenario des computerintegrierten Marketing der Zukunft werden auch Konzepte zum computergestützten Marketingcurriculum entwickelt. Dieses Buch schafft hierfür eine technikbezogene Grundlage.

Es ist daher kein Marketinglehrbuch, sondern ein technisches Lehrbuch. Es ist auch kein Nachschlagewerk und kein umfangreiches Informatiklehrbuch, das alle Einzelheiten jeglicher Informations- oder Kommunikationstechnologie darlegt. Es ist vielmehr eine kurz gehaltene Darstellung von Zusammenhängen und ausgewählten Grundlagen, die dem Marketingmanager den heute notwendigen Überblick und das Verständnis für die neue Materie erleichtern soll.

Durch den Bezug zur Verwendung im Marketing unterscheidet sich dieses Buch von allgemeingültigen Informatiklehrbüchern. Das notwendige computertechnische Wissen eines Marketingmanagers wird hier eingegrenzt. Der Text ist mit vielen Quellenangaben und umfangreichen Literaturhinweisen ausgestattet. So wird es dem Leser in jedem Themenbereich ermöglicht, den grundlegenden Überblick anhand der genannten Literatur zu vertiefen. Es ist in diesem Sinne auch eine Grundlage für eine ergänzende Lehrveranstaltung im Marketingcurriculum an Universitäten und Fachhochschulen.

Für die Unterstützung zur Erstellung des Buches möchte ich mich bei den folgenden Personen bedanken: Meinem Lehrer Volker Trommsdorff, der mir jederzeit nicht nur fachlich zur Seite stand, meinem Vater, Gerhard Meyer für die konstruktive Kritik am Manuskript sowie Ulf Stahrenberg für die Hilfe beim Layout des Buches.

Jörn-Axel Meyer

Inhalt

1 Einführung

Die Bedeutung moderner Informations- und Kommunikationstechnologien im Marketing ist in den letzten Jahren erheblich gestiegen. Sie wird in den kommenden Jahren weiter ansteigen und ein besseres Verständnis dieser Technologien verlangen.

In Anbetracht der schnellen Folge technischer Neuerungen ist es wenig sinnvoll, sich wiederholt aufs neue mit Einzeltechnologien auseinanderzusetzen. Vielmehr ist ein grundlegendes Verständnis der relevanten Technologien und ihrer Zusammenhänge notwendig, um die modernen Informations- und Kommunikationstechnologien im Marketing effizient einsetzen zu können.

Leider sind vielfach diese Kenntnisse bei Marketingmanagern und -studenten noch zu gering, um die Möglichkeiten, die sich in den kommenden Jahren bieten werden, zu sehen und zu nutzen. Techniker werden zu oft von den Anwendern nicht verstanden.

Die geringe technische Kenntnis von Nichtfachleuten bewirkt große Schwankungen in der Einschätzung neuer Technologien. Eine solche Entwicklung zeigt die Abbildung 1. Ein verbessertes Verständnis technischer Zusammenhänge kann diese Schwankungen glätten. Fehlinvestitionen oder zu spät erkannte Möglichkeiten können vielfach vermieden werden.

Die derzeit verfügbare Literatur befindet sich hier in einem Dilemma: Technische Literatur ist für den Wissensbedarf des Marketingmanagers zu speziell und umfangreich, Literatur zum computergestützten Marketing beschreibt dagegen nur die Anwendungen und geht zu selten auf die für das Verständnis der Materie notwendigen technischen Eigenschaften ein. Erkenntnisse über neue Anwendungspotentiale werden auf diese Weise nicht gefördert.

Das vorliegende Buch soll diese Lücke schließen: Es werden im folgenden technische Grundlagen moderner Informations- und Kommunikationstechnologien dargelegt. Sie sind so bemessen, daß sie für das Verständnis heutiger und kommender Entwicklungen ausreichen, ohne den Leser mit unnötigem Wissen zu überladen. Darüber hinaus wird auf Anwendungen im Marketing verwiesen und es werden Entwicklungspotentiale aufgezeigt.

Unter dem Begriff Marketinginformatik, der diesem Buch als Titel dient, soll in diesem Sinne der informations- und kommunikationstechnische Hintergrund der Computerintegration im Marketing verstanden werden.

Die Ausführungen sind in drei Gruppen untergliedert: Hardware, Software und Künstliche Intelligenz. Das letzte Gebiet wird besonders hervorgehoben, da es in den kommenden Jahren erhebliche Bedeutung erlangen wird. Es ist zudem weder vollständig der Hardware noch der Software zuzuordnen. Die Forschung für beide Richtungen geht daher Hand.

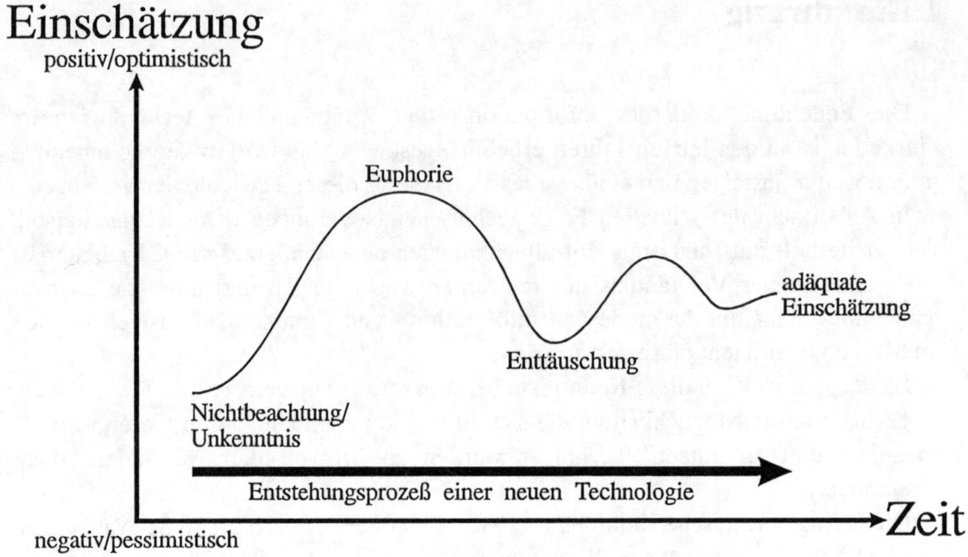

Abb. 1: Stimmungsschwankungen bei der Beurteilung moderner Technologien

2 Hardware

2.1 Überblick

Nichtfachleute schätzen vielfach die Möglichkeiten und Grenzen besonders von moderner Computerhardware falsch ein. Im Gegensatz zur Software sind Leistungssteigerungen und neue Nutzungsmöglichkeiten nicht so unmittelbar ersichtlich. Um Entwicklungen identifizieren und die Bedeutung technischer Innovationen im Hardwarebereich einschätzen zu können, muß ein grundlegendes Verständnis der verwendeten Technologien und Konzepte vorliegen. Daher sollen nun einige hardwaretechnische Grundlagen und neuere Entwicklungen erläutert werden. Ziel ist es, bestehende Hardwaretechnologien in einen Gesamtrahmen einzuordnen und neue, zukunftsweisende Technologien näher darzulegen:

Der Begriff Hardware wird hier als alle mechanischen und elektronischen Bestandteile eines Computersystems verstanden (vgl. Grabowski 1983 S.1298, Engesser/Claus 1988 S.259). Dagegen sind unter dem Begriff Software alle Programme und Daten für Computersystemen zu sehen (vgl. Engesser/Claus 1988 S.454).

Der Kern jeder Computerhardware sind deren Prozessoren. Auf den Möglichkeiten des einzelnen Prozessors basiert die Auslegung des Gesamtsystems und dessen Basisfunktionen. Die verwendete Prozeßrechnertechnologie bestimmt die Eigenschaften und Möglichkeiten der Prozessoren.

Gegenstand der Datenverarbeitung durch Computer ist die Aufnahme, Verwaltung, Veränderung und Ausgabe von Daten. Daraus lassen sich fünf Basisfunktionen von Datenverarbeitungsanlagen ableiten (vgl. Schneider 1986 S.160),

- die Datenerfassung,
- die Datenspeicherung,
- die Datentransport,
- die Datentransformation und
- die Datenausgabe.

Definitionen und Begriffshierachien sollen zu jedem Gebiet in den folgenden Kapiteln dargelegt und z.T. mit Marketingbegriffen verglichen werden. Anwendungsgebiete im Marketing sowie heutige technische Grenzen und zukünftige Entwicklungen werden aufgezeigt.

Lediglich die Datentransformation wird nicht explizit behandelt. Datentransformation vollzieht sich immer in einer engen Soft- und Hardwarekombination und kann nicht getrennt von der Software als Hardwareaufgabe gesehen werden. Die Betrachtungen zu dieser Funktion gehen daher in den Kapiteln über die Prozeßrechnertechnologien und die Softwaresysteme auf.

2.2 Prozeßrechnertechnologie

2.2.1 Bestandteile

Prozessoren, auch Mikroprozessoren genannt, sind das Kernstück heutiger Digitalcomputersysteme. Sie bestimmen zu einem großen Teil die Leistungsfähigkeit von Computern und damit die Möglichkeit deren Nutzung.

Im Prozessor werden Daten und Befehle verknüpft und verarbeitet, d.h. Daten algorithmisch in andere Daten transformiert. Ein Rechenwerk (=ALU "Arithmetic logical Unit", führt die Verarbeitungsbefehle aus) und ein Steuerwerk (auch Leitwerk genannt, steuert die Befehls-, Daten- und Adressfolge der Verarbeitung) sind die Mindestausstattung eines Prozessors (vgl. Abbildung 2). Für die Verarbeitung stehen dem Prozessor im Rechenwerk ein bestimmte Zahl von Funktionen (der Befehlssatz) zur Verfügung. Diese Funktionen können hardwareseitig realsiert sein (festverdrahtete Funktionen) oder sie können als kleine hardwarenahe Programme (sogenannte Firmware, die in Kapitel 2.2.3 angesprochen wird) vorliegen, die die festverdrahteten Funktionen nutzen und erweitern. Dieser Unterschied ist aber für Software, die den Prozessor nutzt, i.allg. unerheblich. Sie findet keinen Unterschied in den Befehlen und Funktionen, die ihr der Prozessor zur Verfügung stellt.

Der Prozessor stellt zusammen mit seiner Ein-/Ausgabeeinheit die Central Processing Unit (CPU) dar. Die Ein/Ausgabeeinheit ermöglicht die Kommunikation zwischen Prozessor und Hauptspeicher (vgl. Engesser/Claus 1988 S.653f, Hutchison /Silvester 1987 S.13). Häufig werden die Begriffe Prozessor und CPU gleichgesetzt, wobei stillschweigend die prozessoreigene Ein-/Ausgabeeinheit eingeschlossen wird. Grund hierfür ist die heute übliche Verwendung eines eigenen Ein-/Ausgabeprozessors, DMA-Controller (DMA= Direct Memory Access) genannt, der die Kommunikation zwischen Hauptspeicher und Peripherie steuert und die eigentliche E/A-Einheit darstellt. Durch diese Einrichtung wird es möglich, Daten von der Peripherie direkt in den Hauptspeicher zu befördern, ohne den Hauptprozessor beanspruchen zu müssen. Diese begriffliche Gleichsetzung soll hier aus Vereinfachungsgründen übernommen werden (für weitere Erläuterungen vgl. hierzu u.a. Schneider 1986 S.547/548, Giloi 1984 S.57, Berchthold 1988 S.24ff, Färber 1987 S.11f, Hutchison/Silvester 1987 S.19).

Die CPU wird mit dem Hauptspeicher unter dem Begriff Zentraleinheit zusammengefaßt (Engesser/Claus 1988 S.261 u. S.653f). Der Hauptspeicher ist der Speicher, auf den die CPU direkt zugreift.

Die Einsatzmöglichkeiten von Computern sind erheblich von der Leistungsfähigkeit der Zentraleinheit abhängig, welche wiederum zu einem großen Teil auf der

Anzahl und der Verarbeitungsgeschwindigkeit der Einzelprozessoren bzw. der CPUs sowie auf dem Durchsatz der Datentransportsysteme (hier:Busse) beruht.

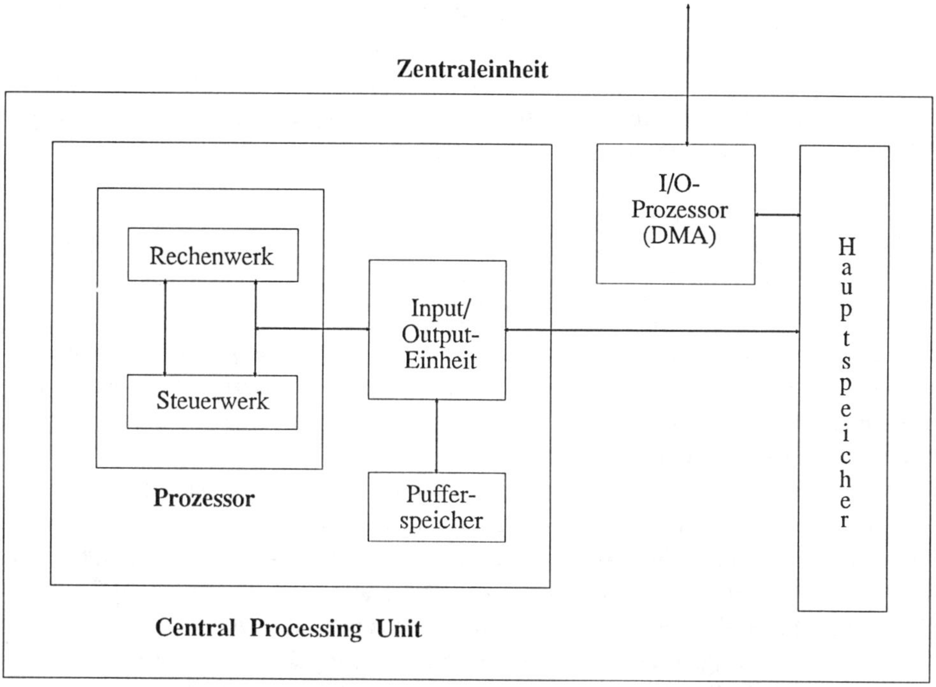

Abb. 2: Begriffliche Zuordnungen der Rechnerbestandteile

Die Leistungsfähigkeit eines einzelnen Mikroprozessors ist in erheblichem Maße von der Zahl der verwendeten elektronischen (integrierten) Schaltkreise (IC) und der sie verbindenden Prozessorarchitektur abhängig.

Die Verarbeitungsgeschwindigkeit, neben einigen anderen Größen das wichtigste Maß für die Leistungsfähigkeit, wird oft in MIPS (Millionen Instruktionen pro Sekunde) oder MFLOPS (Millionen Fließkommaoperationen pro Sekunde) angegeben (vgl. Price, 1989). Die angegebenen Werte sind jedoch vom einzelnen Geschwindigkeitstest (sogenannte Benchmarktests) abhängig und diese sind sehr unterschiedlich. So sind nur die Ergebnisse eines Tests für verschiedene Computer untereinander vergleichbar, nicht jedoch die Ergebnisse zwei verschiedener Tests. Es muß auch beachtet werden, daß verschiedene Tests auch unterschiedliche Fähigkeiten des Prozessors testen, so daß auch die Rangfolgen der Computer zwischen den Tests differieren. Die folgenden Angaben beziehen sich auf die DEC-MIPS, einem Maß der Fa. Digital Equipment.

Während vor ca. 10 Jahren Einzelprozessoren nur bis zu ca. 2-3 MIPS aufwiesen, liegt die heutige Leistung der schnellsten Prozessoren bei ca. 50 bis 55 MIPS (80860 der Fa.Intel und R6000 der Fa. Mips) (vgl. Kohn, Margulis 1989). Heutige Prototypen weisen schon bis zu 200 MIPS auf (o.V. 1990a). So verwundert es auch nicht, daß derzeitige Personal Computer Prozessorleistungen aufweisen, die mit 8 bis 20 MIPS ältere Großanlagen (Mainframes) teilweise weit übertreffen.

Diese Steigerungen wären ohne die erhebliche Erhöhung der Zahl der auf einem Chip untergebrachten Bauteile des Prozessors nicht möglich. Auf die Aspekte dieser Miniaturisierung wird im folgenden näher eingegangen.

2.2.2 Miniaturisierung

Durch die zunehmende Miniaturisierung von ICs erhöhte sich in den vorangegangenen Jahrzehnten die Zahl der Bauteile in Mikroprozessoren erheblich, was zu einer beachtlichen Leistungssteigerung und letztendlich zur großen Verbreitung von Personal Computern beitrug.

Diese Miniaturisierung kann durch die Steigerung der Packungsdichte, der Transistoren auf einem Chip ausgedrückt werden. Im Jahre 1959 belegte ein Transistor noch einen Chip. Auf der gleichen Fläche (ca. 0,4 cm^2) wurden 1964 fünf, 1968 ca.180 und 1979 ca.20.000 Transistoren untergebracht (vgl. Meindl 1987 S.64ff). Der heutige Stand liegt bei etwa 2 Mio. Transistoren pro cm^2 (vgl. o.V. 1989a).

Um den schwierigen Vergleich von einzelnen technischen Zahlenwerten zu vermeiden, werden in der Literatur die verschiedenen Größenordnungen der Packungsdichte in Gruppen zusammengefaßt. Folgende Ebenen der Integration von Transistoren auf einem Chip werden verwendet (vgl. Meindl 1987 S.66, Engesser/Claus 1988 S. 278):

SSI	small scale integration	->	ca.10 bis 100 Bauelemente/Chip
MSI	medium scale integration	->	ca.100 bis 1.000 Bauelemente/Chip
LSI	large scale integration	->	ca.1.000 bis 100.000 Bauelemente/Chip
VLSI	very large scale integration	->	ca.100.000 bis 10 Mio. Bauelemente/Chip
ULSI	ultra large scale integration	->	ca.10 Mio. bis 1 Mrd. Bauelemente/Chip
GSI	giga scale integration	->	über 1 Mrd. Bauelemente/Chip

Die Zahlenangaben zu Transistoren und zu Bauelementen können nicht direkt miteinander verglichen werden. Um eine grobe Vorstellung der Relation zu bekommen, sei als Anhaltspunkt der Faktor 5 (5 Bauelemente zu 1 Transistor) genannt.

Der weiteren Miniaturisierung stellt sich das Problem entgegen, daß die Leiterbahnen und Bauelemente nicht beliebig klein gestaltet werden können. Zum einen nimmt die gegenseitige Beeinflussung der elektrischen Felder mit der steigenden

Packungsdichte erheblich zu, zum anderen steigt der Aufwand für die Herstellung dieser Chips in großen Stückzahlen mit der geringerer Leiterbahnstärke überproportional an (Giloi 1984 S.65).

Ein Wechsel in der den Chips zugrunde liegenden Technologie wird in den kommenden Jahren zwingend notwendig, will man eine weitere Miniaturisierung erreichen. Die in der Literatur vieldiskutierten Quanteneffekt-Halbleiter, die den quantenmechanischen Tunneleffekt ausnutzen, sollen hier einen neuen Weg eröffnen (vgl. Hnida 1989, Meindl 1987 S.70ff). Dies wird durch erste Ergebnisse aus der Forschung für ein neues Herstellungsverfahren unterstützt, die bis zum Jahre 2000 eine Milliarde Transistoren auf einem Chip in Aussicht stellen (vgl. o.V. 1989c). Diese Technologie näher zu beschreiben, würde jedoch den Rahmen des vorliegenden Buches sprengen.

2.2.3 Die "Von-Neumann"-Prozessor-Architektur

Die Funktionsweise des weitaus überwiegenden Teils der heute verwendeten Mikroprozessoren basiert auf dem Prinzip des amerikanischen Wissenschaftlers John von Neumann (vgl. Schwärtzel 1988 S.26). Dieses Datenverarbeitungsmodell basiert auf sequentiellen Schrittfolgen. Man spricht hier von sogenannten Interpreterprozessen: Der Prozessor verarbeitet nacheinander immer einen Befehl oder eine Adresse. Das Datenmodell bestimmt die grundlegende Architektur jedes Prozessors, wenn auch die Größe und Leistungsfähigkeit der einzelnen Prozessoren verschieden ist.

In der Gruppe der Von-Neumann-Mikroprozessoren gibt es zwei Entwicklungsrichtungen, mit denen auch zwei verschiedene Philosophien verbunden sind (vgl. Zimmer 1986 S.46f). Zentrales Unterscheidungskriterium ist der sogenannte interne Befehlsvorrat eines Prozessors.

Es handelt sich hier um diejenigen vom Mikroprozessor zur Verfügung gestellten Befehlsfunktionen, die fest verdrahtet und so ohne zusätzlichen programmiertechnischen Aufwand nutzbar sind (vgl. Engesser/Claus 1988 S. 71). Ein Beispiel soll den Unterschied erläutern: Die multiplikative Verknüpfung zweier Zahlen kann mit mit entsprechender Kombination von logischen Bauteilen auf elektronischem Wege ermöglicht werden. Es ist aber auch möglich, eine einfachere Additionsschaltung zu konstruieren und über ein hardwarenahes Programm (sogenannte Mikroprogrammierung, auch Firmware genannt (vgl. Engesser/Claus 1988 S.232)) diese Funktion so oft durchzuführen wie der Multiplikator vorgibt.

Die eine Richtung der Prozessorentwicklung ist bestrebt, diesen Befehlsvorrat möglichst umfangreich zu gestalten. So können solche Prozessoren 150 bis 250

Befehle zur Verfügung stellen. Das Ergebnis ist die CISC-Architektur (Complex-Instruction-Set-Computer). Die meisten derzeit verwendeten Prozessoren sind nach dieser Philosophie entworfen worden.

Die zweite Entwicklungsrichtung, die RISC-Architektur (Reduced Instruction Set Computer) geht den entgegengesetzten Weg. Ausgangspunkt der Überlegung ist die Erkenntnis, daß ca. 20% des CISC-Befehlsvorrates für 60% der Gesamtnutzung verwendet werden. Wiederum 20% des Befehlsvorrates werden nur zu 2 Promille genutzt (vgl. Hofauer 1986 S.108). Ziel der Bestrebungen ist es daher, den Befehlsvorrat auf ca. 80-100 Befehlsfunktionen (vgl. Zimmer 1986 S. 46) zu reduzieren.

Ein RISC-Prozessor kann die wenigen Befehle wesentlich schneller ausführen als ein CISC-Prozessor, er muß sich jedoch kompliziertere Funktionen per hardwareorientierter Programmierung (s.o.) erarbeiten.

Untersuchungen Ende der 70er und Anfang der 80er Jahre bei IBM, Bull und an der Stanford University haben ergeben, daß für die praktische Anwendung RISC-Prozessoren höhere Verarbeitungsgeschwindigkeiten erreichen, als vergleichbare CISC-Prozessoren (vgl. Klein 1986 S.334ff, Hofauer 1986 S.108ff, Rose 1989).

Die weiter steigende Zahl von Bauteilen pro Chip ermöglicht es jedoch den CISC-Prozessoren im Wettlauf der Verarbeitungsgeschwindigkeiten mitzuhalten, da diese Entwicklung den RISC-Prozessoren nicht in dem Maße zugute kommt, wie den CISC-Prozessoren (vgl. Huang, 1989).

Ebenso bringt das RISC-Konzept einen erheblichen Nachteil mit sich, der den Erfolg dieser Prozessorarchitektur in engen Grenzen hält: Mit der sinkenden Zahl der verfügbaren Prozessorbefehle steigt die Länge des zu verarbeitenden Programmcodes. Als sehr groben Durchschnittswert können für diese Verlängerung des Codes gegenüber CISC-Prozessoren 30% angesetzt werden. Die Folge sind hohe Kapazitätsanforderungen an externe und interne Speicher sowie an die Datentransportsysteme.

Zusammenfassung:

CISC-Prozessoren:	v.-Neuman-Architektur, viele fest verdrahtete Befehle geringe Geschwindigkeit, kurzer Programmcode, lange Entwicklungszeit.
RISC-Prozessoren:	v.-Neumann-Architektur, wenige fest verdrahtete Befehle, hohe Geschwindigkeit, langer Programmcode, kurze Entwicklungszeit.

2.2.4 Überblick über Rechnerarchitekturen

Bisher wurden lediglich Konstruktionen betrachtet, die einen Hauptprozessor besitzen. Die Von-Neuman-Architektur bezieht sich nur auf die Architektur eines einzelnen Prozessors. Die beiden Entwicklungsrichtungen RISC und CISC sind ebenso nur Richtungen innerhalb des Rahmens, den die Von-Neumann-Architektur vorgibt.

Um höhere Verarbeitungsgeschwindigkeiten eines Computersystems zu erreichen, gibt es die Möglichkeit, mehrere Prozessoren in die Zentraleinheit zu integrieren. Auf einer dem einzelnen Prozessor übergeordneten Ebene entstehen so verschiedene Rechnerarchitekturen und -verarbeitungsformen. Es wird in diesem Falle vom Multiprocessing gesprochen. Die Betrachtungen beziehen sich somit auf Architekturen der Prozessoren untereinander (vgl. Zucker 1987a S.52f, Conte/Del Corso 1985 S.2f).

Auch ist die den einzelnen Prozessor betreffende Von-Neumann-Architektur in vielen Fällen überaltet. Sie ist wenig effizient und gelangt schon heute an ihre Grenzen (vgl. Giloi 1984 S.65ff). Es gibt daher schon seit einigen Jahren Alternativkonzepte, die von der traditionellen Prozessorarchitektur abweichen. Die Abbildung 3 gibt einen Überblick über die verschiedenen Arten der Rechnerarchitekturen.

Wie aus der Übersicht zu entnehmen ist, weichen einige Architekturen nicht nur bzgl. der Prozessor- sondern auch bzgl. der Rechnerarchitektur erheblich von den zuvor beschriebenen Systemen ab.

Aufgrund der zu erwartenden zukünftigen Entwicklungen sind die Parallelprocessingsysteme besonders interessant. Sie sind zur Zt. im Mittelpunkt der Hardwarediskussion. Drei vielgenannte Vertreter dieser Gruppe sollen daher kurz erläutert werden:

- Transputer
- Vektorrechner
- Neuronale Systeme.

2.2.5 Parallelprocessing

Beim Parallelprocessing werden im Gegensatz zu anderen Verarbeitungsformen Programme nicht als ganzes von einer CPU verarbeitet. Vielmehr wird ein einzelnes Programm in diejenigen Teile, die parallel von mehreren CPUs verarbeitet werden

- Verarbeitungs- und Zentraleinheitarten
  - Monoprozessorsysteme(-verarbeitung) (eine CPU)
    - Verarbeitung nach dem von-Neumann-Prinzip
    - Verarbeitung nach anderen Prinzipen (z.B. Hardware der 5.Generation)
  - Multiprozessorsysteme(-verarbeitung) i.w.S. (mehrere CPUs)
    - Multiprocessing (Multiprozessorsysteme in engeren Sinne)
      mehrere Applikationen/Programme werden von mehrern CPUs verarbeitet (die einzelenen CPUs arbeiten nach dem von-Neumann-Prinzip)
      - asymmetrische CPU-Anordnung
        sogn. Master-Slave Verfahren, bei der eine CPU die Kontrolle über die Kommunikation zum Hauptspeicher und der Peripherie besitzt (Verteilung der Programme auf die Slaves)
      - symmetrische CPU-Anordnung
        gleichberechtigte Prozessoren, keine Master-, keine Slave-Funkt.
        - statische Aufgabenverteilung
          jede Applikation wird vollständig einer CPU zur Abarbeitung gegeben (daraus folgt eine Ungleichverteilung der CPUs)
        - dynamische Aufgabenverteilung
          eine zur Verarbeitung anstehende Applikation wird auf eine z.Zt. freie CPU gelegt und kann von dort witerverarbeitet werden → Optimierung der Gesamtauslastung und Auslastungsverteilung unter den CPUs
    - Parallelprocessing(-verarbeitung)
      eine Applikation/Programm wird von mehreren CPUs verarbeitet (es ist eine Strukturierung der einzelnen Programme notwendig, um die parallele Verarbeitung der einzelnen Teile eines Programms durchführen zu können → Softwareproblem)
      - direkte Verbindung aufwendiger (von-Neumann-)CPUs über schnelle und selbstständig arbeitende Verbindungen (sogn. Links)
        - ältere Systeme (z.B. ILLIAC IV)
        - Transputer
      - Fließbandprinzip (→ Vektorrechner)
        sogn. SIMD-Technik (single instruction - multiple data)
      - vollständige Vernetzung vieler einfacher Prozessoren
        → erste Ansätze für spätere Neuronalcomputer

Abb. 3: Gliederung der Zentraleinheit- und Verarbeitungsarten

können, aufgespalten. Hierdurch ergibt sich eine gleichmäßige Auslastung aller verwendeten Prozessoren und somit eine theoretische Addition der Einzelprozessorleistungen (Bermond 1986 S.359, Fox/Messina 1987 S.54ff). Das Ergebnis ist eine mit anderen Mitteln kaum erreichbare Leistungssteigerung bei vergleichsweise geringen Entwicklungskosten.

Das Hauptproblem des Parallelprocessing stellt sich nicht im Hardwarebereich, sondern bei der verwendeten Software. Es ist schwer möglich, ein in sich geschlossenes Softwaresystem für die Verarbeitung in nebeneinander lauffähige Teile zu gliedern. Dieses Problem hält z.Zt. noch den Erfolg des Parallelprocessing in engen Grenzen (vgl. Peled 1987 S.44), da erst bei der Erstellung neuer Software die genannte Anforderung (Teilbarkeit des Prozesses) berücksichtigt werden kann.

Drei Arten von Parallelprocessingsystemen sollen hier näher angesprochen werden: Der Transputer, der Vektorrechner und das noch sehr neue Feld der Neuronalcomputer.

Transputersysteme: Das Transputerkonzept stammt von dem Prozessorhersteller Inmos aus den USA. Der Transputer ist eine erweiterte CPU, die mit einem zentralen Verbindungskanal (Bus), verschiedenen Transputerelemente (die hier nicht von Interesse sind) und mehreren schnellen und selbstständig arbeitenden Kommunikationsbausteinen (Links) auf einem Chip integriert ist (vgl. Abb. 3a). Alle Bestandteile des Transputers sind über den sehr schnellen Kommunikationskanal miteinander verbunden (vgl. Inmos 1988 S. 71ff, Bermond 1986 S.359, Fox/Messina 1987 S.55f).

Die Links sind als kleine, eigenständige Prozessoren anzusehen. Sie ermöglichen einen schnellen Datentransport von und zu anderen Transputern ohne, daß die CPU hierdurch belastet wird. Dies ist die Grundlage für eine effiziente Verteilung des parallel zu verarbeitenden Programms.

Die Grundlage für die Verarbeitung der Daten stellt das System OCCAM dar. Es ist speziell auf die Prozessoren ausgerichtet. Das Softwareangebot ist jedoch bisher sehr begrenzt, marketingrelevante Standardanwendungsprogramme für Transputer gibt es noch nicht.

Der besondere Vorteil der Transputer ist deren Preis-Leistungsverhältnis. Ein einzelner Inmos T800 Transputer ist heute für unter 1000 DM erhältlich. Er liefert ca. 10 DEC-Mips. Durch die leichte Addition von T800 Transputern können für unter 10000 DM Systeme mit bis zu 100 Mips gebaut werden. Das entspräche der Prozessorleistung heutiger Großanlagen in der Praxis.

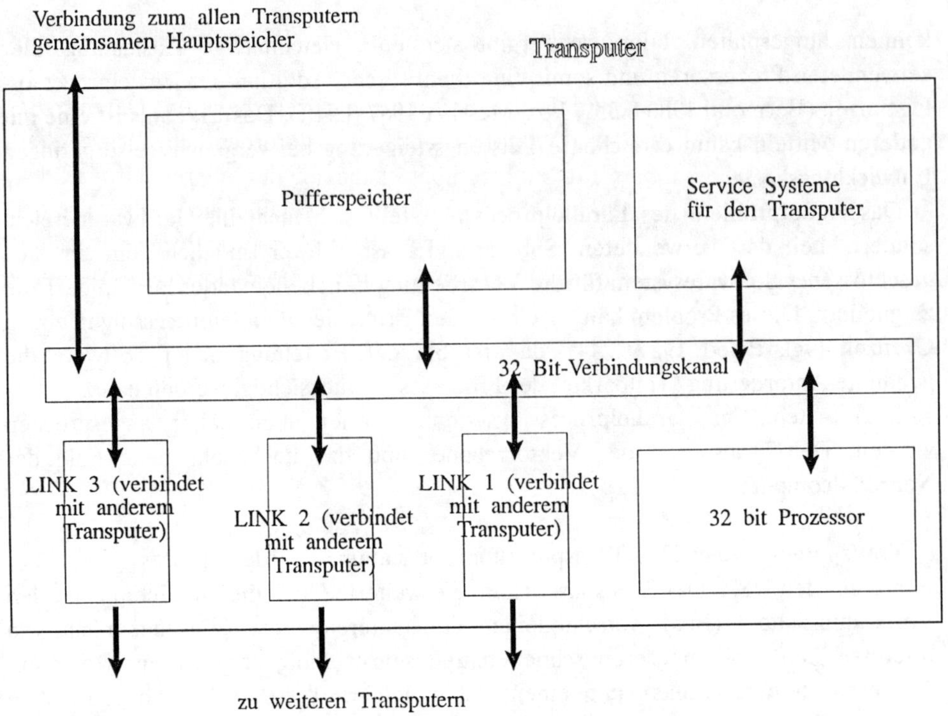

Abb. 3a: Prinzipieller Aufbau von Transputern

Vektorrechner: Vektorrechner sind das Ergebnis eines weiteren Ansatzes in der Parallelverarbeitungsforschung, der SIMD-Technik (SIMD = single instruction - multiple data):

Vektorrechner sind in ihrer Ablauforganisation der industriellen Fließfertigung sehr ähnlich. Man spricht daher auch von Fließbandverarbeitung und von Pipeline-Prozessoren (siehe Abbildung 3b) (vgl. Giloi 1984 S.59).

Die Zentraleinheit eines Vektorrechners besteht aus mehreren hintereinander angeordneten Bearbeitungseinheiten (Prozessor + Pufferspeicher). Jede dieser Einheiten vollzieht, wie bei der Fließfertigung, nur einen Verarbeitungsschritt. Durch diese Kette von Bearbeitungseinheiten werden nicht, wie bei den traditionellen Skalarrechnern, einzelne Befehle und Daten geschickt, sondern nur ein bestimmter Datentyp, der Vektor. Er beinhaltet einen einzelnen Vektorbefehl, der wiederum nur auf die zu verarbeitenden Objekte (Befehle- und Datenketten) im Hauptspeicher verweist. Ein Adreßgenerator errechnet die Adressen der Elemente der Vektorobjekte. Diese sind einzelne Befehle oder Datenpakete. Während eines Schrittes greift die jeweilige Bearbeitungseinheit auf die Elemente im Hauptspeicher zu, verarbeitet sie und leitet das Ergebnis an die nächste Einheit weiter, um dann von der vorherigen Einheit weitere Befehle zu erhalten (vgl. Fox/Messina 1987 S.56f, Giloi 1984 S.59).

Damit ergibt sich ein kontinuierlicher Strom von verarbeiteten Daten. Die Verarbeitungsgeschwindigkeit von Vektorrechnern ist außerordentlich hoch. Daher wird dieses Prinzip besonders für Supercomputer, die an der oberen Grenze des Leistungsspektrums heutiger Computersysteme angesiedelt sind, angewandt. Auch für Vektorrechner bedarf es für die bestmögliche Nutzung speziell ausgerichteter Software. Dieser Nachteil begrenzt den Einsatz von Vektorrechnern auf Anwendungen mit ständig gleichartigen Bearbeitungsaufgaben (z.B. Matrizenberechungen o.ä.(vgl. o.V. 1989b)).

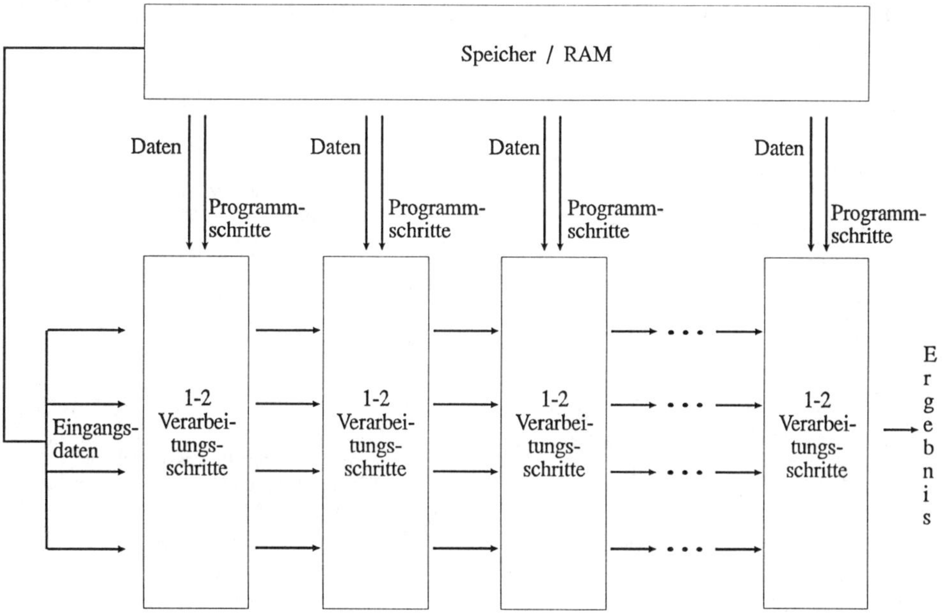

Abb. 3b.: Prinzipieller Aufbau von Vektorrechnern

Neuronalcomputer: Neuronalcomputer sind ein Spezialfall und die konsequenteste Ausprägung der Parallelcomputer. Sie gelangten erst in den letzten Jahren in die Diskussion um alternative Computersysteme. Hinter dem Begriff Neuronalcomputer verbirgt sich der Versuch, den Aufbau des menschlichen Gehirns in sehr einfacher Form und somit menschliche Fähigkeiten (insbesondere das menschliche Lernen) besser nachahmen zu können (vgl. Schwärtzel 1988, o.V. 1988a, Eckmiller 1989 S.2ff).

Das besondere Kennzeichen von Neuronalcomputern ist die sehr große Zahl von hochgradig vernetzten, recht einfach aufgebauten Prozessoren (vgl. Schwärtzel 1988).

Die Verarbeitung erfolgt parallel mit ständiger Rückkopplung zum vorherigen Schritt. Eine Anzahl von Eingangswerten wird von einer Reihe von Prozessoren verarbeitet bzw. miteinander verbunden und an eine dahinter gelagerten Reihe weitergeleitet. Diese führt prinzipell die gleichen Operationen wie ihre Vorgänger durch, jedoch auf einem höheren Komplexitätsniveau (vgl. Abb. 3c).

Erste heute realisierte Versuche verwenden noch traditionelle Hardware und versuchen das neuronalen System mittels Software zu simulieren. Einfache Lernmechanismen können auf diese Weise nachgebildet werden (vgl. Eckmiller 1989 S.5f). Parallel hierzu wird z.Zt. an der hardwaretechnischen Nachbildung geforscht. Es gibt auch schon einige, jedoch nicht für das Marketing relevante Applikationen (vgl. Eckmiller 1989 S.5f). Einsatzgebiete sind insbesondere Aufnahme und Interpretation von Bild- und Sprachsignalen (vgl. o.V. 1988b, 1988c). Die Forschung für diese Technologie befindet sich jedoch noch in den Anfängen.

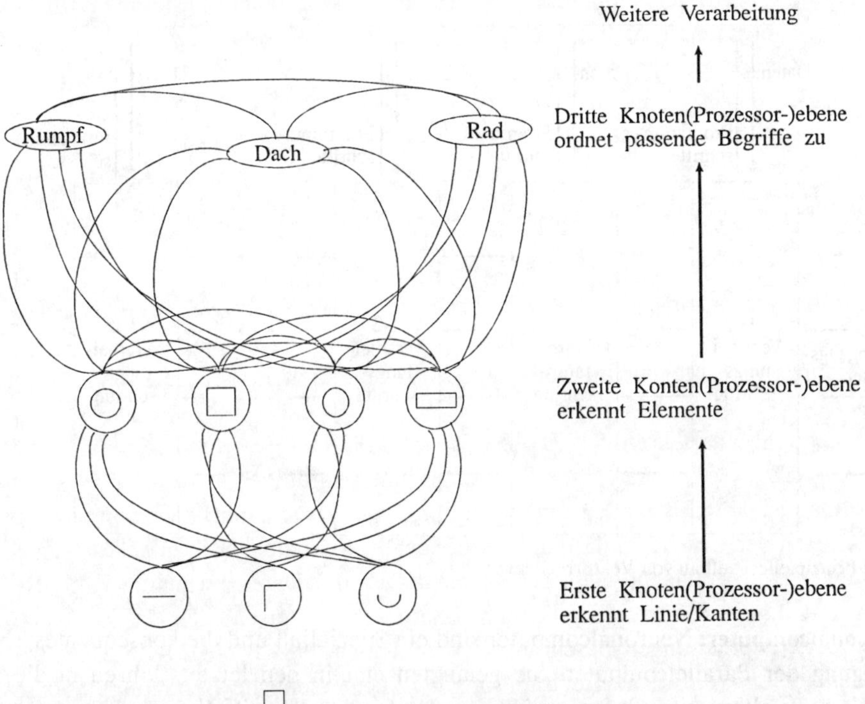

Abb. 3c: Arbeitsweise eines neuronalen Netzes (3 Ebenen gezeigt)

2.3 Datenerfassung und -eingabe

2.3.1 Überblick

In der deutschsprachigen Marketingliteratur werden vielfach die Begriffe Datenerhebung, -gewinnung und -erfassung gleichbedeutend und ohne Definition oder Abgrenzung verwendet. Diese Gleichsetzung ist für viele Betrachtungen im Marketing vorteilhaft. In der Informatik werden aber anders lautende und oft speziellere Begriffe verwendet. Für die Schnittstelle Marketing zu Informatik, in dessen Rahmen der Datenfluß besondere Beachtung findet, ist eine vereinfachte Behandlung jedoch nicht mehr ausreichend. So muß z.B. unterschieden werden, ob und wie Daten erstmalig in eine von einem Computer verarbeitbare Form gebracht werden müssen oder ob sie aus einer anderen computerisierten Quelle (z.B. Datenbank) stammen. Es soll daher eine Zuordnung und Verbindung der beiden Begriffswelten des Marketing und der Informatik vorgenommen werden, bevor auf die Hardwareaspekte der Dateneingabe genauer eingegangen wird.

2.3.2 Marketingsicht

In der Marktforschung wird der Datenbeschaffungsprozeß in zwei Teile gegliedert: Erhebung und Aufbereitung. Es schließt sich die Auswertung an, deren Ergebnisse zur Entscheidungsunterstützung im Marketing-Management herangezogen werden (vgl. Abbildung 4a).

In Anlehnung an Behrens (1974), Berekoven (1978 u. 1986) und Meffert (1986) lassen sich im Marketing die obigen Begriffe wie folgt definieren:

Erhebung ist die Gewinnung und Sammlung von Einzeldaten. Sie kann sich auf Primärdaten oder auf Sekundärdaten beziehen. Primärdaten werden durch eigene Befragungen und Beobachtungen gewonnen. Es ist die Datengewinnung i.e.S.. Die Datengewinnung i.e.S. ist von der Datenbeschaffung zu unterscheiden, da sie sich nur auf Primärdatenerhebungen beschränkt (vgl. Scheuch 1989 S.240). Als Erhebungsmethoden stehen rein manuelle/traditionelle (z.B. persönliche Befragung), apparative (nur bei Primärerhebungen, z.B. Blickregistrierung, Aktivierungsmessung) und computerverbundene Methoden zur Verfügung (z.B. computergestützte Befragung wie CATI, computerisierte Befragung wie Befragungscomputer oder Programmanalysatoren (vgl. u.a. Litzenroth 1987 S.76, Zentes 1987 S.27ff, S.116ff, Kuss 1987 S.54ff)). Bei letzterem ist die Erfassung der Daten in einem Computersystem obligatorisch. Bei der Sekundärdatenerhebung wird auf bereits vorhandene Primärdaten zurückgegriffen (z.B. aus Statistiken, Datenbanken etc.).

Die Aufbereitung ermöglicht den Übergang von der Erhebung zur Auswertung. Sie umfaßt das Ordnen und Prüfen der Daten. Sie wird von verschiedenen Verfassern auch als Teil der Auswertung angesehen.

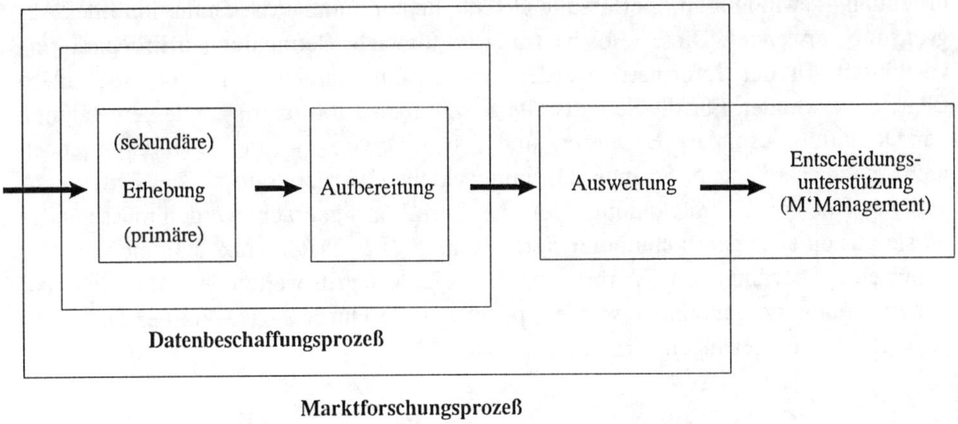

Abb. 4a: Begriffszuordnung in der Marktforschung (vereinfacht dargestellt)

Die Auswertung von Daten umfaßt die Verdichtung, Analyse und Gestaltung der Daten bis hin zur konkreten Entscheidungsunterstützung. Der Übergang in den Marketingmanagement-Bereich ist fließend. Der Bereich der Entscheidungsunterstützung ist dann erreicht, wenn durch die Auswertung Handlungsanweisungen nahegelegt werden. So können anspruchsvolle Informationssysteme und Entscheidungsunterstützungssysteme nicht mehr der Auswertung zugeordnet werden.

2.3.3 Informatiksicht

Die Datenbeschaffung teilt sich in die Schritte Datenerfassung, Datenspeicherung, Datentransport und Datenverarbeitung (vgl. Abbildung 4b). Sie ist Teil des Datenverarbeitungsprozesses i.w.S., der die Funktionsgruppen

- Datenerfassung
- Datenspeicherung
- Datentransport/-übertragung
- Datenverarbeitung i.e.S. (Datentransformation) und
- Datenausgabe

umfaßt (vgl. Schneider 1986 S.160f).

Über diesen Prozeß können die am Datenfluß orientierten Aufgaben der Datenverarbeitung (i.w.S.) abgetragen werden: Datengewinnung (=Datenbeschaffung), Datenaufbereitung und Entscheidungsunterstützung (vgl. Abbildung 4b). Statt der Begriffe Datenfluß, -gewinnung, -aufbereitung wird oft auch von Informationsfluß, -gewinnung, -aufbereitung gesprochen (vgl. hierzu u.a. auch Zentes 1987a S.11, Schneider 1986 S.160). Es soll hier aus Kontinuitätsgründen der Datenbegriff beibehalten werden.

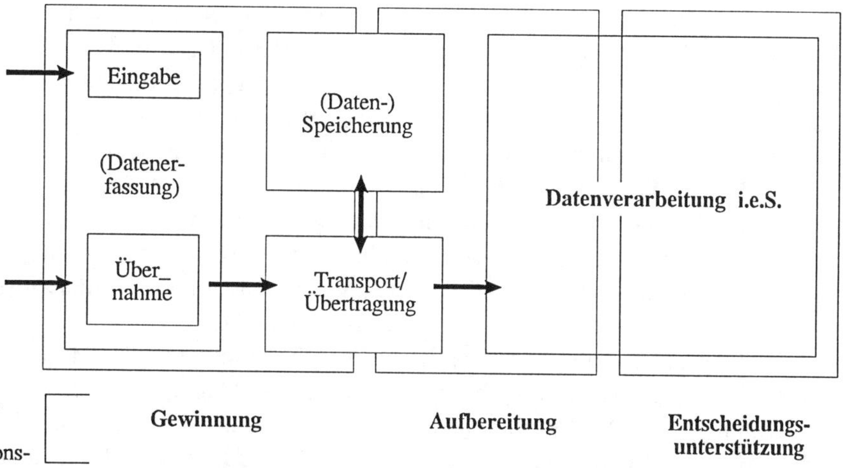

Abb 4b: Begriffszuordnung in der Informatik

Unter Datenerfassung werden im Sinne der Informatik alle Arbeitsvorgänge verstanden, mit denen Daten in eine vom Computersystem verarbeitbare Form gebracht werden (vgl. Schneider 1986 S.142, Engesser/Claus 1988 S.144f). Hierzu gehört die Bereitstellung der Daten und die Dateneingabe in ein Computersystem, aber auch die Übernahme von Daten von anderen Computersystemen. Bei der Bereitstellung werden die Daten zur Übernahme in die Datenverarbeitungsanlage formal aufbereitet bzw. umformatiert. Dies unterscheidet sich von der Aufbereitung im Sinne des Marketing, da selten eine inhaltliche Überprüfung oder Ordnung der Daten vorgenommen wird. Der Begriff der Datenerfassung kann somit der computerisierten Erhebung gleichgesetzt werden.

Unter dem Begriff Dateneingabe werden nur diejenigen Vorgänge verstanden, die den physischen Übergang der Daten in das Computersystem betreffen (vgl. Schneider 1986 S. 142). Vor- und nachgelagerte Schritte (z.B. Zusammentragen der Daten bzw. Speicherung der Daten) fallen nicht unter diesen Begriff. So muß die

Erhebungsmethode (s.o.) nicht computerisiert sein. Die Dateneingabe kann sowohl für Primär- als auch für Sekundärdaten (z.B. Eingabe der Werte aus einem Katalog) notwendig werden.

Die Erfassung von Daten aus anderen Computersystemen ist keine Eingabe, sondern eine Übernahme. Sie ist sowohl eine Form der Datenerfassung als auch ein besonderer Fall der Datenübertragung/-transport. Es handelt sich hier immer um Sekundärerhebungen (z.B. Anfrage an eine externe Datenbank).

Der Datenerfassung folgt die Datenspeicherung. Während des Eingabeprozesses werden die Daten zunächst im Hauptspeicher gehalten in mehr oder weniger langen Abständen auf externe Speicher übertragen.

Da diese Daten vielfach direkt in Datenbanken oder den Datenbanken vorgelagerten Dateien strukturiert abgelegt werden, erfolgt mit der Speicherung auch eine inhaltliche Aufbereitung der Daten, so wie sie im Marketing verstanden wird. Diese Aufbereitung ist somit zum Teil auch Datenverarbeitung (vgl Abb.4b).

Die Datenverarbeitung i.e.S. ist die Veränderung der Daten oder deren Zuordnung zueinander (vgl. Schneider 1986 S.160).

Die Begriffe Datenbeschaffung und Datengewinnung werden in der Informatik nahezu gleichbedeutend aufgefaßt. Eine Unterscheidung wie im Marketing (s.o.) gibt es kaum. Datenbeschaffung und -gewinnung greifen auf die Datenerfassung, die Datenspeicherungs- und Datentransportfunktionen zurück.

Die Datenaufbereitung geht über die Aufbereitung im Sinne des Marketing hinaus und schließt deren Auswertungsbegriff für einfache Aufgaben (z.B. graphische Datenaufbereitung) ein. Der Begriff Entscheidungsunterstützung ist für beide Sichtweisen (Marketing, Informatik) gleich. Datenaufbereitung und Entscheidungsunterstützung, nicht aber die Datengewinnung (alles Informatiksicht) sind Aufgaben der Datenverarbeitung i.e.S.. Es sei hier erwähnt, daß auch wie im Marketing die Grenze von Datenaufbereitung zu Entscheidungsunterstützung fließend und somit sehr unscharf ist.

2.3.4 Verbindung der Begriffswelten

Die verschiedenen Begriffe aus der Informatik und dem Marketing können nun wie folgt zu- und untergeordnet werden:

Begriff im Sinne der Infomatik:	**entspricht dem Begriff im Sinne des Marketing:**
Daten-/Informationsgewinnung (Erfassung, Speicherung, Übertragung)	Erhebung u. Teil der Aufbereitung (Primärdaten, Sekundärdaten)
Daten-/Informationsaufbereitung (Speicherung, Übertragung, Verarbeitung)	Teil der Aufbereitung u. Auswertung
Entscheidungsunterstützung (Verarbeitung)	Entscheidungsunterstützung

Die Abbildung 4 visualisiert die Zusammenhänge etwas genauer. Die jeweilige Folge der Schritte ist mit Pfeilen gekennzeichnet. Sprünge zwischen computerisierten und nicht computerisierten Schritten sind äußerst selten. Ein Beispiel wäre der Nachtrag von wenigen Werten aus einer zusätzlich von Hand durchgeführten Erhebung (z.B. Expertenbefragung) in eine Datenbank.

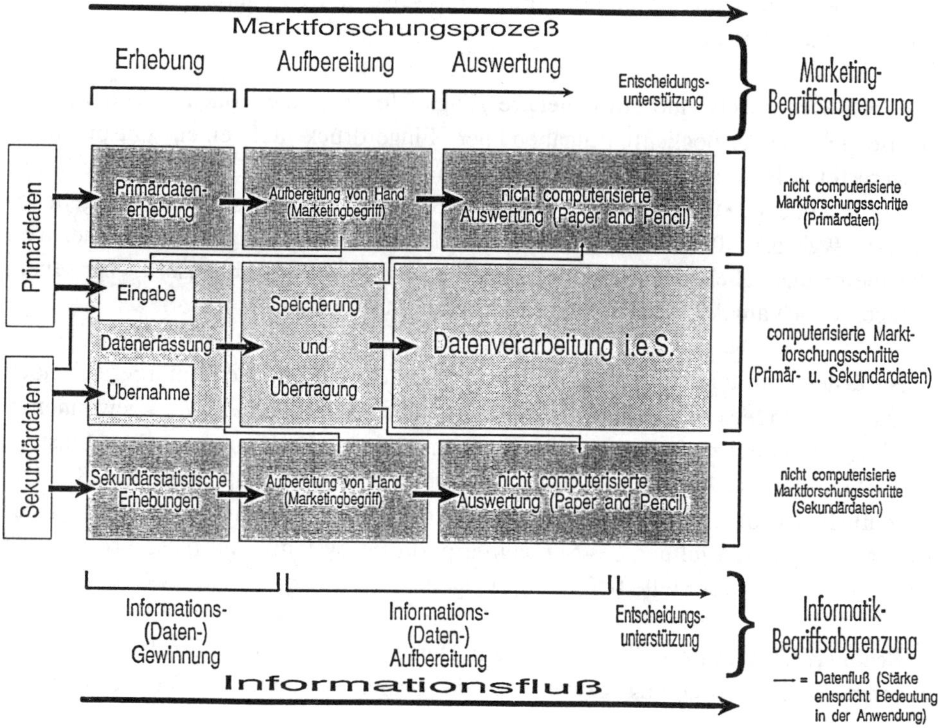

Abb. 4: Begriffsabgrenzung

2.3.5 Dateneingabe

Die Dateneingabe geschieht nicht nur im Rahmen der Datenerfassung, sondern auch während des Dialogs mit dem Computer. Dies sind z.B. auch Befehle, Bestätigungen oder Auswahlentscheidungen des Benutzers.

Die Dateneingabe kann in verschiedenen Formen geschehen, denen jeweils andere Technologien zugrunde liegen. Zur Strukturierung dieser Systeme gibt es mehrere Ansätze, so z.B. die Unterteilung in fünf Klassen (Text-, Wertgeber, Lokalisierer, Auswähler und Picker (vgl. Schneider 1986 S. 201)), die Gliederung nach graphischen und nichtgraphischen Systemen oder nach dem Verwendungszweck (vgl. Tietz 1987 S.430).

Eine Unterteilung, die verschiedene Ansätze berücksichtigt und ergänzt, wird in der Übersicht (Abb. 5) vorgenommen.

Traditionelle Eingabegeräte: Tastatur, Maus, Joystick, Tableau, Kamera und Lichtgriffel sind zu den traditionellen Systemen zu zählen, die hier aufgrund ihres Bekanntheitsgrades weder in ihrer Funktionsweise noch in ihren Einsatzgebieten erklärt werden müssen.

Touch-Screen: Als eine etwas neuere Eingabeform ist die Touch-Screen-Technik anzusehen. Sie ermöglicht Eingaben per Fingerdruck auf einen entsprechend ausgerüsteten Bildschirm. Diese Eingabeform ist jedoch, genauso wie die der Maus, auf sehr einfache Eingaben beschränkt, z.B. Wahl oder Bestätigung vorgebener Objekte (vgl. o.V. 1987b S.52f). Im Marketing sind Anwendungen im Rahmen von allgemein zugänglichen Informationssystemen (z.B. in Warenhäusern) zu sehen, weniger jedoch am Arbeitsplatz eines Marketing Managers.

Natürliche Sprache: Eingaben natürlicher Sprache sind im Computerbereich noch selten zu finden. Die Eingabe erfolgt per Mikrophon. Die gewonnenen Schwingungssequenzen werden gespeichert, anschließend mit vorgegebenen Mustern verglichen und schließlich als Daten interpretiert (vgl. Kaas 1987 S.128). Die wesentlichen Probleme finden sich hier nicht im Hardwarebereich, sondern in der softwareseitigen Gestaltung des Sprachinterpretationssystems. Auf diese Problematik wird noch an späterer Stelle tiefer eingegangen.

Scanner: Eine weitere Technologie zur Datenerfassung hat in den letzten Jahren zunehmend an Bedeutung gewonnen, die Scannertechnologie. Da sie auch in

Eingabesysteme

- direkte Eingabesysteme (die Eingabegrößen können sofort verwendet werden)
  - Text- und Wertgeber (Eingabe von Texten oder Zahlenwerten)
    - Tastatur (numerische und alphanumcrische)
  - Lokalisierer (Eingabe von Positionswerten (Koordinaten))
    - Cursor-Tastatur
    - Maus
    - Lichtgriffel
    - Steuerknüppel (Joystick)
    - Tableau
    - technische Meßwertaufnehmer
  - Auswähler und Picker (Eingabe durch Bestimmung einer vorgegebenen Wahlalternative)
    - Touchscreen
    - Funktionstasteneingabegeräte (z.B. Programmanalysatoren)
- indirekte Eingabesysteme (aufwendigere Systeme, bei denen die Eingabegröße erst per Software interpretiert werden muß)
  - Bilderfassungssysteme
    - Scanner
    - Kamerasysteme (Videokamera)
    - Digitizer (Systeme, die ein Fernsehbild abgreifen)
  - Spracheingabesyteme (z.B. Mikrofone etc.)

Abb. 5: Gliederung informationstechnischer Eingabesysteme

kommender Zeit eine wachsende Rolle einnehmen wird (vgl. u.a. Tietz 1988 S.436ff, Simon 1987 S.63, Suffolk 1987 S.30ff, Reinhard 1988 S.74ff, Zentes 1987 S.7, Shaw/Brodi 1986 S.225), wird an dieser Stelle näher auf sie eingegangen.

Der Scanner ist ein Gerät, daß farbige, schwarz/weiße oder graugestufte Vorlagen mittels Laser abtastet sowie in Rasterpunkte einteilt und kodiert. Die Reflexionen der Vorlage werden für jeden Rasterpunkt registriert und in einen vom Computer verarbeitbaren Code umgesetzt (vgl. Schneider 1986 S.84). Auf diese Weise wird es möglich, beschriebene oder bedruckte Vorlagen punktweise in einem Computer zu erfassen.

Zwei Hauptgruppen von Scannern sind zu unterscheiden, Handscanner und Flachbettscanner (vgl. Rescher 1989 S.133, Sternberg 1988 S.50).

Handscanner können nur eine kleine Fläche einlesen (bei Lichtgriffelscannern sogar nur ein Punkt), sie müssen daher über die Vorlage geführt werden oder, bei fest montierten Scannern, muß die Vorlage herübergeführt werden (z.B. bei Barcodelesern in Scannerkassen das jeweilige Produkt (vgl. Zentes 1987 S.26ff)).

Die Handscanner waren bisher in der Regel 1-Bit-Scanner, d.h. ein einzelner Rasterpunkt wird durch ein Bit ausgedrückt. Da auf diese Weise nur eine Schwarz-Weiß-Unterscheidung pro Rasterpunkt möglich ist, ist der Einsatz nur bei der Erfassung von Schrift oder Strichcode sinnvoll, da verschiedene Graustufen nur durch Verbindung mehrerer Rasterpunkte erfaßbar sind und so die Genauigkeit des Scanners reduziert werden muß (vgl. Rescher 1989 S.133ff). Neuere 4-Bit-Systeme, heben diesen Nachteil auf und ermöglichen die Verarbeitung komplizierter Vorlagen.

Von den Handscannern unterscheiden sich die Flachbettscanner, auch Ganzseitenscanner genannt. Ihre Funktionsweise kommt den heutigen Fotokopierern sehr nahe:

Die Vorlage wird in ihrer Gesamtheit von einem beweglichen Laser abgetastet. Ganzseitenscanner sind heute als 4-Bit- oder 8-Bit-Systeme verfügbar. Da ein Rasterpunkt durch 4 bzw. 8 Bit repräsentiert wird, ist es möglich, jedem einzelnen Punkt 16 (2^4) bzw. 256 (2^8) Graustufen oder Farben zuzuordnen. Auf diese Weise wird ein Informations- und Qualitätsverlust beim Einscannen von Bildern weitgehend vermeiden (vgl. Kahl 1988).

Zwei Probleme stellen sich dem Einlesen von qualitativ hochwertigen Vorlagen entgegen. Zum einen werden vom Scanner alle Bestandteile einer Vorlage pixelweise (Pixel = Punkt, Bildelement) erfaßt. Ein Bild wird lediglich als eine Ansammlung von Punkten aufgefaßt, nicht jedoch als eine Zusammenstellung von Objekten (z.B. Buchstabe, Haus).

Dies ist jedoch nur bei der objektorientierten Verarbeitung möglich. Eine Weiterverarbeitung der Daten bedarf einer Interpretation der Punktegruppen zu Objekten. Dieses Problem softwareseitig zu lösen ist Aufgabe eines Teilgebiets der KI (vgl. Schwärtzel 1988), das später noch näher betrachtet wird.

Zum anderen ergibt sich ein zweites Problem aus der Masse der im Computersystem zu speichernden Daten (vgl. Schwärtzel 1988). Ein Rechenbeispiel soll dies verdeutlichen: Gute Flachbettscanner arbeiten mit einem Auflösungsraster von bis zu 800 dpi (dots per inch = Punkte pro Zoll), d.h. auf der Länge eines Zolls (ca. 25,4 mm) werden 800 Punkte abgetastet. Für eine DIN A4-Seite (häufige Größe von Scannern) ergeben sich daher etwa 62 Mio. Punkte. Bei Verwendung eines 8-Bit-Scanners (s.o.) ergibt sich somit für ein einzelnen Bild ein Speicherbedarf von 62 MByte. Ein heutiger, durchschnittlicher Personal Computer wäre hier überfordert (vgl. Meinzner 1989).

Die Bedeutung der Scanner in der praktischen Anwendung ist in den letzten Jahren insbesondere für Point-of-Sales-Systeme erheblich angestiegen. Während dieser Bereich nur für Handscanner relevant ist, werden Flachbettscanner für die Büroautomation eingesetzt. Die weitere Entwicklung der Scanner wird in Richtung Schnelligkeit und Auflösevermögen gehen. Unabhängig von der technischen Entwicklung nimmt die Verbreitung dieser Systeme mit hoher Geschwindigkeit zu.

Digitizer und Frame-Grabber: Diese Systeme stellen eine Verbindung zwischen analogen Videosystemen (TV und Videorecorder) und Computer her. Die analogen Signale werden vom Videosystem abgegriffen und in digitale Bildsignale für die Computerhardware umgesetzt. Sie können dann als Bilder vom Computer weiterverarbeitet werden. Heutige Digitizer können Videostandbilder in verschiedene Computergraphikformate umsetzen. Frame-Grabber sind wesentlich schneller und erlauben die Umsetzung von Bildern in Echtzeit, d.h. ohne verarbeitungsbedingte zeitliche Verzögerung. Somit können auch Bewegtbilder und ganze Filmsequenzen erfaßt werden.

2.4 Datenspeicherung

2.4.1 Überblick

Elektronische Speicher sind eine Funktionseinheit eines Rechnersystems, die Daten aufnehmen, bewahren und abgeben können (vgl. Schneider 1986 S.541).

Daten können in verschiedenen Arten von Speichern abgelegt werden, die sich hinsichtlich der zugrunde liegenden Technologie unterscheiden. Sie sollen hier wie in Abbildung 6 strukturiert werden:

- Speicher
  - interne
    - Lesen — (ROM, PROM, EPROM-Bausteine)
    - Lesen und Speichern — (RAM-Bausteine, verlieren ihre Daten nach Ausschalten des Systems)
  - externe
    - Bänder
      - magnetische
        - Lesen und Schreiben — (Offene Bänder, Kassetten, insb. Videoband)
    - Platten
      - optische
        - Lesen — (Bildplatte, CD-ROM)
        - Lesen und Schreiben — (CD-RAM)
      - magnetische
        - Lesen und Schreiben — (Floppy, Wechsel- und Festplatte)
    - andere — (Magnettrommel-, Magnetkarten- und Magnetblasenspeicher (alle als Lese- und Schreibspeicher))

Abb. 6: Übersicht über elektronische Speichersysteme

Die RAM-Bausteine sind als flüchtige Speicher ausgelegt, d.h. sie verlieren ihren Speicherinhalt nach Ausschalten des Gerätes. Heutige DRAMs verfügen über eine Kapazität von bis zu 4 MBit (vgl. Rose 1989). DRAMs (=dynamische RAMs) sind Bausteine auf Kondensatorenbasis, die in sehr kurzen Abständen immer wieder aufgeladen werden müssen (vgl.Schneider 1986 S.542). Dies ist bei SRAMs (=statische RAMs) nicht notwendig. Letztere sind i.allg. zwar schneller als DRAMs, besitzten jedoch wesentlich geringere Speicherkapazitäten (i.allg. 32 bis 512 KBit) da sie bei gleicher Speicherkapaziät erheblich größer bauen als DRAMs.

2.4.2 Interne Speicher

Interne Speicher werden der Zentraleinheit zugeordnet. Es sind im wesentlichen Pufferspeicher und der Hauptspeicher. Je größer letzterer ist, um so umfangreicher und anspruchsvoller kann ein Benutzerprogramm sein. Die Größenangabe für den Hauptspeicher wird in Kilobyte oder Megabyte angegeben. Er ist fast ausschließlich als Random-Access-Memory (RAM) ausgelegt, also als Schreib-Lese-Speicher, auf den der Zugriff wahlfrei ist (vgl. Schneider 1986 S. 515).

In den kommenden zehn Jahren sind Steigerungen auf ca. 64 Mbit/Chip zu erwarten. Dies hat zur Folge, daß selbst kleine Anlagen (z.B. Personal Computer) Hauptspeicher im Bereich von 32 bis 64 MByte besitzen können und so die Verarbeitung von Programmen ermöglichen, die sonst nur Großanlagen vorbehalten waren. Dies gilt insbesondere für graphische Softwaresysteme.

Weiter befinden sich in der Zentraleinheit kleinere Zusatzspeicher, die i.allg. als Read-Only-Memory (ROM), also als reine Lesespeicher ausgeführt sind, auf die ausschließlich lesend zugegriffen werden kann.

Von internen Speichern unterscheiden sich die externen Speicher. Sie gehören nicht zur Zentraleinheit und werden für die längerfristige Speicherung der zur Verwendung anstehenden Daten und Programme notwendig (vgl. Schneider 1986 S.54). Es existieren hierfür verschiedene Technologien und Speichermedien, von denen die wesentlichen nun erläutert werden sollen. Zwei Hauptgruppen lassen sich unterscheiden, Bandspeicher und Plattenspeicher.

2.4.3 Platten- und Bandspeicher

Plattenspeicher: Die Plattenspeicher legen ihre Daten auf frei liegenden Trägerscheiben ab. Somit können Daten an jeder Stelle und zu jeder Zeit und an jedem Ort des Datenträgers gelesen oder geschrieben werden. Man spricht von der direkten Zugriffsmöglichkeit (vgl. Schneider 1986 S.351). Diese Eigenschaft unterscheidet sie von den Bandlaufwerken, deren Bänder erst in eine bestimmte Position gespult werden müssen, bevor die entsprechenden Daten gelesen werden können. Daher werden die Daten auf Bandsystemen zumeist sequentiell abgelegt und gelesen.

In die Gruppe der Plattenlaufwerke fallen zuerst die traditionellen magnetischen Disketten-, Wechselplatten- und Festplattenlaufwerke (vgl. Engesser/Claus 1988 S.344ff). Da diese Systeme aufgrund ihrer Verwendung in den weit verbreiteten Personal Computern hinreichend bekannt sein müßten, werden sie hier nicht weiter erläutert. Erwähnt sei nur, daß als Leistungskriterien nicht nur die Kapazität (gemessen in MByte (2^{20} Byte) oder GByte (2^{30} Byte)) sondern auch die Geschwindigkeit der Platte herangezogen werden muß. Diese Größe wird durch zwei Vergleichswerte, den für die durchschnittliche Zugriffszeit (ausgedrückt in msec) und den für die Datenübertragungsrate von und zur Platte (angegeben in MByte/sec) angegeben.

Ein anderes Plattenspeichersystem ist die Bildplatte, die ursprünglich aus dem Bereich der Unterhaltungselektronik stammt, heute aber zunehmend für professionelle, computergesteuerte Präsentation- und Animationszwecke verwendet wird (vgl. u.a. Tietz 1988 S.247ff)

Zwei Eigenschaften heben die Bildplatte von den eben genannten Verfahren ab. Zum einen liegt kein magnetisches, sondern ein optisches Aufzeichnungsverfahren zugrunde, zum anderen kann auf die Platte nur lesend zugegriffen werden (vgl. Schneider 1986 S.87). Die Trägerplatte kann nur einmal mittels eines Laserstrahls beschrieben, jedoch mehrfach gelesen werden (sogenannte WORM-Technologien, WORM = write once-read multiple). Durch die aufgrund des optischen Verfahrens mögliche hohe Datendichte ist die Bildplatte besonders für die Speicherung von einzelnen oder Folgen von Bildern geeignet, wie sie z.B. zur Archivierung oder für Produktpräsentationen notwendig sind.

Mit etwa dem gleichen Prinzip arbeit die Compact-Disk (CD). Sie ist jedoch mit einem Durchmesser ca. 12 cm wesentlich kleiner als die Bildplatte (ca. 30cm). Ebenfalls aus dem Unterhaltungsbereich stammend wird seit wenigen Jahren die CD als nur lesbarer Speicher (CD-ROM) für Personal Computer eingesetzt. Seit 1989 gibt es nun die CD-RAM, die lese- und schreibfähig ist. Die Vorteile der CD sind die sehr hohe Datendichte, der Direktzugriff (s.o.) und die leichte Handhabbarkeit (schmutz- und magnetisierungsunempfindlich, kein Datenverlust nach längerer Zeit) (vgl. o.V. 1989d). Das Anwendungsspektrum ist groß: Es umfaßt das der Magnetspeicher und der Bildplatte.

Bandspeicher: Während die Plattenspeicher einen freien, direkten Zugriff auf alle gespeicherten Daten zulassen, sind Bandspeicher durch sequentielles Lesen und Speichern der Daten gekennzeichnet. Als traditionelle Systeme dieser Gruppe von Speichern sind das offene Magnetband und die Magnetkassette zu nennen (vgl. Engesser/Claus 1988 S.340f). Einsatzschwerpunkt des Bandes ist die Sicherung von Daten, die auf anderen Speichern untergebracht sind.

Ein Sonderfall der Kassettenbänder sind die Videobänder, die wiederum aus der Unterhaltungselektronik kommen. Sie ermöglichen eine sehr hohe Datendichte. Daher sind ihre Einsatzbereiche die Bildspeicherung (wie Bildplatte) und die schnelle Sicherung von Daten anderer Speichermedien (Streamer).

Neue Softwarepakete, insbesondere graphische Systeme verlangen zunehmend externe (und interne) Speicherkapazitäten und hohe Geschwindigkeiten des Zugriffs. Daher wächst die Bedeutung der Plattenspeicher, während Bandspeicher nur noch zu Sicherungszwecken Verwendung finden.

2.4.4 Weitere Entwicklungen

Weitere Speichersysteme, die in der obigen Übersicht aufgeführt wurden, sollen aufgrund ihrer geringen Bedeutung hier nicht betrachtet werden.

Lediglich die Magnetkartenspeicher, als Massenspeicher völlig verdrängt, finden heute in verkleinerter Form als Scheckkarten (z.B. EC-Karte etc.) stark wachsende Verbreitung.

Eine weitere Steigerung der Leistung (Zugriffszeit, Datenübertragungsrate, Kapazität) der Datenträger muß durch verschiedene Maßnahmen erreicht werden. Während die Zugriffszeit bei den magnetischen Plattenspeichern ausgereizt scheint, sind durch neue Aufzeichnungsverfahren wesentlich höherere Datenübertragungsraten ereichbar. Auch die Grenze der Kapazität von Magnetplatten (derzeit: 1 GByte bei 5,25"-Größe) ist noch nicht erreicht. Eine wichtige Rolle werden die CD-RAM-Systeme übernehmen: Sie sind lese- und schreibfähig und ermöglichen sehr hohe Kapazitäten (> 4 GByte). Hier besteht aber bzgl. Zugriffszeit und Datenübertragungsraten noch ein erheblicher Entwicklungsbedarf.

2.5 Datentransport

2.5.1 Überblick

Datenverarbeitung ist ohne die Bewegung von Daten innerhalb und außerhalb von Datenverabeitungsanlagen (DVA) nicht möglich. Alle Funktionen der automatischen Datenbewegung sind unter dem Begriff Datentransport zusammengefaßt (vgl. Schneider 1986 S.158). Die Formen des Datentransports können nach den verwendeten Wegen in Rechnersystemen unterschieden werden, wie die folgende Abbildung 7 zeigt:

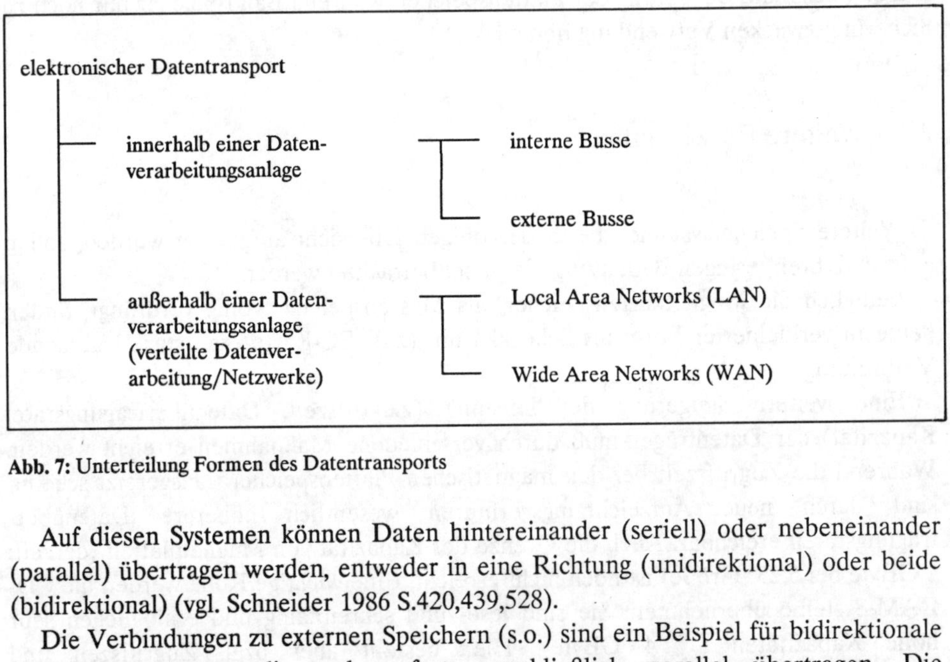

Abb. 7: Unterteilung Formen des Datentransports

Auf diesen Systemen können Daten hintereinander (seriell) oder nebeneinander (parallel) übertragen werden, entweder in eine Richtung (unidirektional) oder beide (bidirektional) (vgl. Schneider 1986 S.420,439,528).

Die Verbindungen zu externen Speichern (s.o.) sind ein Beispiel für bidirektionale Datentransportwege, die zudem fast ausschließlich parallel übertragen. Die Verbindung eines Personal Computers mit einem Handscanner ist ein Beispiel für unidirektionalen, seriellen Transport. Ein einfaches Terminal ist zumeist an die zentrale Großanlage (Host) über eine bidirektionale, serielle Verbindung gekoppelt. Die meisten Drucker sind mit Personal Computern unidirektional und parallel verbunden (Auf die mögliche Unterscheidung in synchrone und asynchrone Datenübertragung soll hier nicht eingegangen werden.)

Werden serielle Transportwege mit parallelen verknüpft, so müssen die bewegten Daten umgestellt werden. Geschieht dies von parallel auf seriell, so wendet man sogenannten Multiplexverfahren an. Die vorher nebeneinander transportierten Daten werden danach zeitlich hintereinander weitergesendet. Auf dem umgekehrten Wege spricht man von Demultiplexverfahren (vgl. Schneider 1986 S.385).

Die Leistungsfähigkeit von Datentansportsystemen läßt sich in ihrer Datenübertragungsrate (Datenmenge pro Zeiteinheit) sowie in der Flexibilität (z.B. maximale Teilnehmerzahl) und Sicherheit (z.B. gegen Datenverlust) darstellen.

Orientiert an dieser Unterteilung wird im folgenden auf die Bereiche

- interne und externe Busse,
- Local Area Networks und
- Wide Area Networks sowie auf moderne Telekommunikationsdienste

eingegangen.

Die Abbildung 8 veranschaulicht die Zusammenhänge zwischen diesen Bereichen der Kommunikation: Ausgehend von den Kommunikationsverbindungen in einem einzelen Chip über die eines Personal Computer, der Vernetzung mehrerer Systeme bis hin zu den Möglichkeiten der Datenfernübertragung.

2.5.2 DVA-interne Datentransporte

2.5.2.1 Das Bus-Prinzip

Man stelle sich eine Datenverbindung mit den folgenden Eigenschaften vor: Ein Verbindungssystem zwischen verschiedenen Computerbestandteilen besteht aus Daten-, Adreß- und Steuerleitungen oder einem Leiter, der alle diese Funktionen übernimmt. Die Daten- und Adressleitungen sind allen angeschlossenen Bauteilen zugänglich, die Steuerleitungen sind jedoch nur für jedes einzelne bestimmt. Es gibt zeitgleich nur einen Sender und mindestens einen Empfänger. Sie können jedoch über den Zeitablauf wechseln. Dieses Konstrukt wird "BUS" genannt (vgl. Schneider 1986 S.99, Foster 1987 S.XI). Man kann darunter also eine Datenverbindung verstehen, an die mehrere Teilnehmer angeschlossen sind, aber zum gleichen Zeitpunkt immer nur zwei von ihnen miteinander in Verbindung stehen können.

Dieses Prinzip wird innerhalb von Datenverarbeitungsanlagen angewendet. Das Verbindungssystem innerhalb eines Prozessors wird als "interne Busse" bezeichnet,

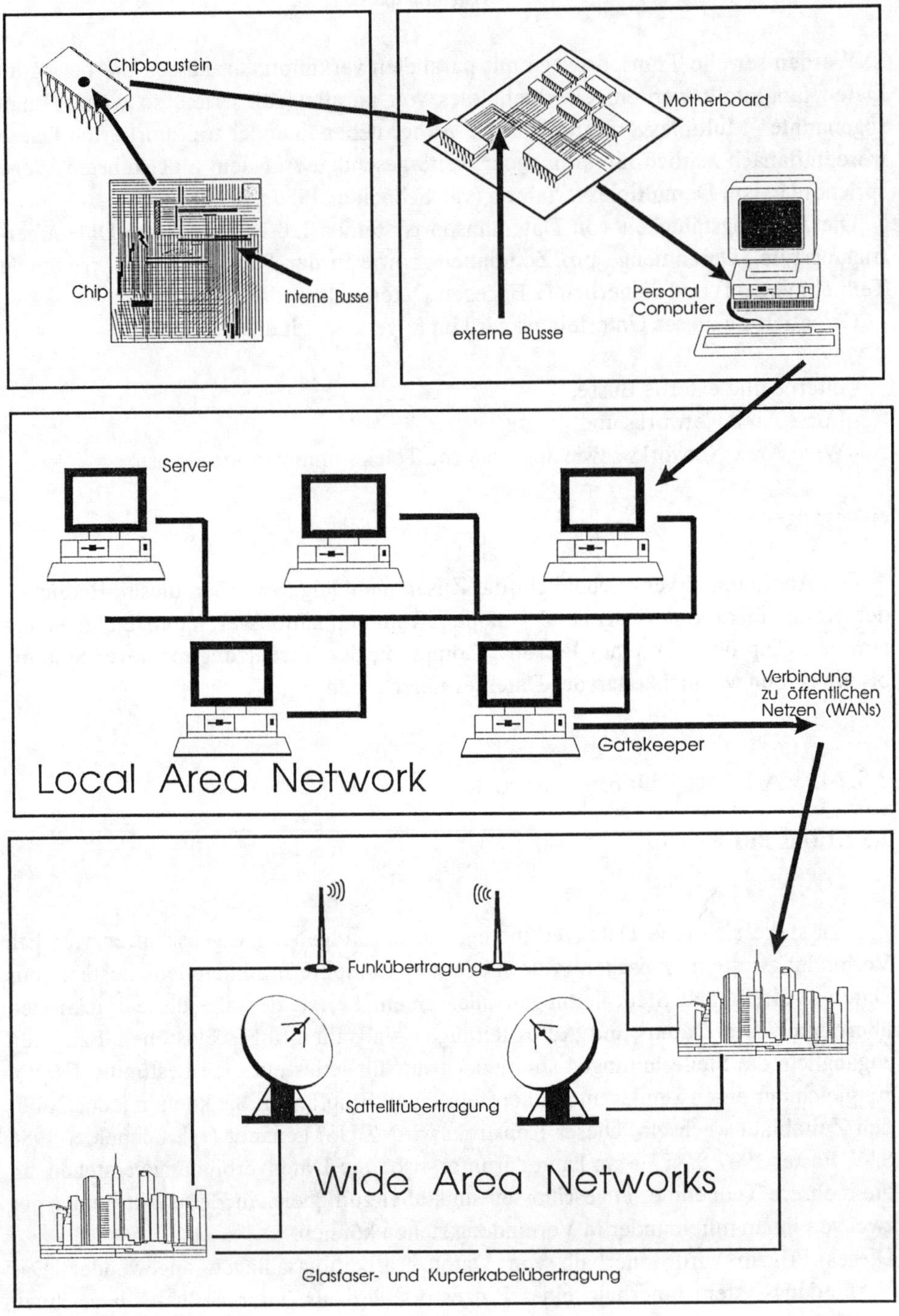

Abb. 8: Vom internen Bus zum WAN

außerhalb folglich als "externe Busse" (Als Empfehlung für die Darstellung des Unterschieds an einem Beispiel sollen hier Bermond (1986 S. 360), Foster (1987 S.137ff) und Kohn/Margulis (1989 S.25f) genannt sein). Externe Busse in diesem Sinne sind z.B. Verbindungen zum Hauptspeicher aber auch zur Peripherie (Festplatte, Drucker, Bildschirm, Scanner etc.), die zumeist durch weitere elektronische Systeme ergänzt werden (z.B. Festplattenkontroller etc. (vgl. Fritsch 1988 S.271f)).

Während interne Busse für jeden Prozessor unterschiedlich gestaltet sind, gibt es im Bereich der externen Busse neben einer Vielzahl von herstellerspezifischen Architekturen einige Standardsysteme: So z.B. der ISA-Bus (Industry Standard Architecture) von IBM, der als Bestanteil heutiger PCs zum Industriestandard gehört, der NU-Bus, der durch den Macintosh der Fa. Apple bekannt wurde, die Micro-Channel-Architecture, von IBM 1987 für PCs konzipiert oder die EISA (Extended Industry Standard Architecture), die in den kommenden Jahren den ISA als Standard für PCs ablösen soll (vgl. Goodwin, Koessel 1990 S.73).

2.5.2.2 Leistungskennzeichen

Die Datenübertragungsleistung der Busse ist durch zwei Größen bestimmt: Die Busbreite und die Taktfrequenz (vgl. Goodwin, Koessel 1990 S.73, Schneider 1986 S. 615).

Die Busbreite kennzeichnet die Zahl der Datenleitungen (oder die Adress- oder Steuerleitungen), auf denen gleichzeitig Daten transportiert werden können. Ist deren Zahl z.B. 32, so spricht man von einem 32-bit-Bus. Ein serieller Bus ist somit als ein 1-Bit-Bus anzusehen. Sind zwei Busse unterschiedlicher Breite miteinander verbunden, so müssen die Daten an der Schnittstelle umgesetzt (multiplexen, demultiplexen) werden (vgl. Schneider 1986 S.385). Je breiter ein Bus ist, desto mehr Daten können gleichzeitig transportiert werden und umso höher ist der Datendurchsatz durch den Bus. Die steigende Busbreite verlangt jedoch eine wachsende Zahl von elektronischen Bauteilen bei Sendern und Empfängern, was einer weiteren Verbreiterung eines Busses oft entgegensteht.

Die Taktfrequenz bestimmt, wie oft in einer Zeiteinheit die Daten einen Schritt weiterverarbeitet, hier also weitertransportiert werden (vgl. Schneider 1986 S.588,2). Je höher die Taktfrequenz ist, desto größer ist der Datendurchsatz und desto häufiger können Sender und Empfänger in einem vorgegebenen Zeitraum gewechselt werden. Werden zwei Busse unterschiedlicher Taktfrequenz miteinander verbunden, so müssen sie synchronisiert werden (vgl. Schneider 1986 S.577). Dies gilt auch in dem Fall, daß der Sender oder Empfänger nicht die gleiche Taktfrequenz wie der Bus besitzt. Da dies mit weiterem baulichen Aufwand verbunden ist, sind einer weiteren Taktfrequenzerhöhung oft enge Grenzen gesetzt.

2.5.2.3 Die Bedeutung der Busse für die Gesamt-DVA

Die Busse bestimmen in erheblichem Maße die gesamte Verarbeitungsleistung einer Datenverarbeitungsanlage. Die Leistung der internen Busse bestimmt maßgeblich die des Prozessors, die Leistung der externen Busse die Zugriffe auf externe Speicher und Ein-/Ausgabemedien (Drucker, Scanner etc.). Beide Leistungsbereiche (Prozessor, Peripheriedatenaustausch) sind für die Betrachtung einer Datenverabeitungsanlage untrennbar miteinander verbunden. Eine hohe Prozessorleistung bleibt im täglichen Gebrauch einer DVA ungenutzt, wenn der Datenaustausch mit dem Hauptspeicher oder mit externen Speichern zu langsam vor sich geht. Umgekehrt nützt der schnelle Zugriff auf die Speicher wenig, wenn der Prozessor die verfügbare Datenmenge je Zeiteinheit nicht abarbeiten kann. Verbesserungen in der DVA-Technologie werden für den Benutzer erst dann gut sichtbar, wenn Fortschritte auf beiden Gebieten gleichzeitig gemacht werden.

Ein Beispiel soll dies verdeutlichen: Während die Rechenleistung der Personal Computer in den letzten Jahren von erheblichen Leistungssteigerungen der Prozessoren profitierte (ein altes Gerät mit einem Intel 8088-Prozessor hatte ca. 0,2 bis 0,5 MIPS, ein neuer PC mit einem Intel 80486 hat ca. 12 bis 16 MIPS), schlug sich dieser Fortschritt nicht in einer (hier) 30- bis 80-fachen Steigerung der Gesamtleistung des PCs nieder. Ein wesentlicher Grund hierfür ist die Standardisierung des externen Busses der PCs auf einen 8- oder 16-Bit-ISA-Bus (s.o.) mit geringer Taktfrequenz, der wie ein Flaschenhals das gesamte System bremst. Daten können hier nur mit geringer Übertragungsrate mit der Festplatte (z.B.) getausch oder zum Bildschirm gebracht werden. Neue PC-Bus-Konzepte (Microchannel-Architektur und der EISA-Standard) öffnen diesen Flaschenhals mit ihrer höheren Leistung (32-Bit-Breite und höherer Taktfrequenz) (vgl. Goodwin/ Koessel 1990 S.73). Der Leistungszuwachs des Gesamtsystems wächst hiermit erheblich stärker an, als die nominale Leistungssteigerung der Busse allein erwarten läßt. Die bisherige Trennung in die Computerklassen "Personal Computer" und "Workstation" nach dem Leistungskriterium wird damit nahezu unbrauchbar.

Diese Erkenntnis ist für die späteren Betrachtungen in dieser Arbeit besonders wichtig, da nur so eine Beurteilung der Computerentwicklung verstanden werden kann.

Die weitere Entwicklung der Busse kommt insbesondere den Personal Computern und den Mehrprozessorsystemen zugute. Die Busse stellten bisher für den Personal

Computer einen Engpaß dar, aber durch den neuen EISA-Standard (s.o.) kann dieser überwunden werden und so die Einsatzmöglichkeiten des PCs noch mehr erweitern. In Multiprozessorsystemen können die einzelnen Prozessoren ihre Kommunikation untereinander erhöhen und eine Parallelverarbeitung (s.o.) fördern.

2.5.3 Local Area Networks

2.5.3.1 Definition, Abgrenzung und Entwicklungen

Betrachtet man nicht mehr nur eine einzelne Datenverarbeitungsanlage, sondern eine lokal begrenzte Zahl von Systemen (Teilnehmer), die alle über eine Netzkonstruktion miteinander im Datenaustausch stehen, so spricht man von einem LAN (Local Area Network). Diese unterscheiden sich von WANs (Wide Area Networks) durch die Begrenzung auf einen örtlich festgelegten Bereich (vgl. Fromm 1986 S. 31). Hierin können die Teilnehmer miteinander kommunizieren, Peripherien können von allen und gleichmäßig genutzt werden. Software kann zentral abgelegt werden und erspart somit gegenüber einer Gruppe von Einzelsystemen erhebliche Kosten und Installationsaufwand. Damit ist die Einrichtung eines LAN die technische Vorbedingung für eine effektive Bürokommunikation (vgl. u.a. Krallmann 1987, Rüsche 1986 S.83, Meyer 1987 S.381ff, Fritsch 1988 S.278, Simpson 1985 S. 40f).

Eine Vernetzung verschiedener Personal Computer in einem privaten Bürogebäude ist die typische Ausführung für ein LAN (sie werden daher auch oft Inhouse-Netze genannt (vgl. Zentes 1987a S.65)), die Vernetzung mehrerer auf der Welt vorhandener Filialen eines Unternehmens ist dagegen ein Beispiel für ein WAN (auch als Outhouse-Netze bezeichnet). Damit sind LANs unabhängig von Dienstleistungen externer Einrichtungen, z.B. den Postdiensten. Daneben unterscheiden sich beide Formen in Hinsicht auf Datenübertragungsgeschwindigkeit (bei LAN höher) und Fehlerwahrscheinlichkeit (bei WAN höher) (vgl. Fromm 1986 S.35). Während letzteres aufgrund systemeigener Fehlerkorrekturen für den Anwender nicht sichtbar wird, ist die Datenübertragung für den Benutzer ein wichtiges Kriterium.

Die Entwicklung zu den LANs, insbesondere den PC-LANs, vollzog sich über mehrere Schritte: Ausgehend von einer Großanlage, die von einer Benutzer-Konsole aus bedient wurde, entwickelte sich um diese Anlagen herum eine steigende Zahl von Benutzerterminals, die zunächst keine eigenständigen Systeme im Sinne eines Personal Computers darstellten. Dieser Schritt wurde bei der Einführung "intelligenter Terminals", die oft durch PCs ersetzt wurden, vollzogen (vgl. Häge 1989 S.1, Kauffels 1989 S.1). Die zunehmende Leistungsfähigkeit der PCs und weitergehende Dezentralisierung computergestützter Aufgaben läßt heute die

Notwendigkeit einer zentralen Großanlage (Host) in Frage stellen, so daß sich reine PC-Netze weiter verbreiten werden.

2.5.3.2 Bestandteile und Architektur

Eine LAN-Architektur besteht nicht nur aus der hardwareseitigen Verbindung der Einzelsysteme (Topologie), sondern auch aus dem softwareseitigen, mehrschichtigen Managementsystem ("Zugangsverfahren" und auch "Netzbetriebssysteme") und aufgesetzten weiteren Komunikationssteuerungssystemen. Diese greifen auf ersteres zu. Erst die Verbindung Hardware-Software läßt ein LAN entstehen (vgl. Häge 1989 S.1/2, Kauffels 1989 S.2,3,6, Zander 1989 S.2/3, Kredel 1989 S. 68). Dies gilt im Prinzip auch für WANs, jedoch findet man dort häufig den Fall, daß auf demselben hardwareseitigen Netz mehrere WANs betrieben werden.

Die Kommunikation in einem Netz kann abhängig von der Nähe zur Hardware in mehrere Ebenen, den Schichten, unterteilt werden. Das Spektrum reicht von der physischen Übertragung von Signalen bis zur Anwenderebene. Die oberen Schichten der Kommunikation benutzen die technischen Kommunikationsmöglichkeiten auf den darunter liegenden Ebenen.

Auf einer sehr hardwarefernen Ebene bemerkt der Anwender zumeist nichts von den vielen notwendigen Kommunikationsaktivitäten, die im Netz ablaufen. Er kann mit komfortabler Kommunikationssoftware arbeiten ohne von diesen Vorgängen Kenntnis zu haben. Für die Kommunikation auf Ebenen, die eine größere Nähe zur Hardware besitzen, sind jedoch erheblich mehr kommunikationstechnologische Kenntnisse notwendig.

Die folgende Beschreibung soll dieses Zusammenspiel verdeutlichen: Zwei Benutzer kommunizieren mittels ihrer Personal Computer. Beide verwenden eine komfortable Oberfläche. Der jeweils andere Partner wird nach Auswahl vom System automatisch angewählt. Die Verbindung wird hergestellt und es wird die Möglichkeit gegeben, Text und Bilder zu übermitteln. Dies ist die oberste Kommunikationsebene. Damit aber die Verbindung hergestellt werden kann, muß ein Dienstprogramm aufgerufen werden, daß diese Arbeit übernimmt. Der Benutzer wird diese Aktivitäten aber nicht sehen. Das Dienstprogramm kommuniziert mit einem vergleichbaren Programm beim Anwender. Dies ist eine weitere, niedrigere Ebene der Kommunikation. Beide Dienstprogramme wiederum greifen auf die im Netzbetriebssystem zur Verfügung gestellten Routinen zu, eine weitere, hardwarenahe Schicht. Diese Routinen steuern die Vorgänge zur physischen Übertragung der Impulse auf den Verbindungsleitungen. Dies ist die unterste Ebene, der "physical Layer".

Die softwareseitige Festlegung, wie auf den einzelnen Ebenen/Schichten im Netz miteinander kommuniziert werden soll, wird im Protokoll (bzw. in der Protokollhierachie) beschrieben. Hier sind die Verbindungsbedingungen für Sendung und Empfang von Nachrichten festgelegt sowie deren hardware- und softwarebestimmten Parameter (vgl. Schneider 1986 S.319). Für alle Ebenen existiert je ein Protokoll. Diese Protokolle werden vom Netzbetriebssystem oder den aufgesetzten Steuersystemen festgelegt und gelten für das gesamte LAN. Es müssen nicht immer spezielle Netzbetriebssystemc (wie z.B. Novell Netware) zur Vernetzung verwendet werden, auch manche allgemeine Betriebssysteme stellen Netzwerksoftware zur Verfügung, so z.B. das Betriebssystem UNIX das Quasi-Standardkommunikationsprotokoll TCP/IP (Transmission Control Protocol/ Internet Protocol) und die Dienstprogramme FTP (File Transfer Program) und Telnet (Dienstprogramm zur Nutzung fremder Computerkapazitäten).

Leider sind diese Protokolle je nach Hersteller der Netzkonzeption recht unterschiedlich, so daß verschiedene LANs untereinander und LANs mit WANs nur mit Aufwand verbunden werden können (vgl. Fromm 1986 S.34ff). Dies geschieht über sogenannte "Bridges" und dazugehöriger "Gateway"-Software, die von einem Protokoll auf ein anderes überträgt.

Eine Hilfe zur einfachen Erstellung solcher Gateways soll das OSI-Referenzmodell (OSI= Open Systems Interconnection) der International Standardization Organization (ISO) geben, das sieben verschiedene Schichten der Kommunikation festlegt und hierfür Richtlinien vorgibt. Sie gelten sowohl für LANs als auch für WANs. Hieraus wurde die CCITT-Standard-Serie abgeleitet: Die CCITT (Comité Consultatif Internationale de Télégraphique et Télephonique) ist ein Normungsgremium, das auf der Basis des X.400 Message-Handling-System-Modell eine Serie von standardisierten Protokollen erarbeitet hat (bekannte Standardprotokolle hierzu sind z.B. X.25 und X.21 (auf niedrigen Schichten) und die X.400-Serie auf oberen Schichten). Für tiefergehende Erläuterungen seien Hahn/Schindler (1989 S. 19f) und Fromm (1986 S.30f) empfohlen.

Dieser Standard wird bereits in vielen Systemen verwendet und deren Zahl steigt weiter. So sind auch einige herstellerspezifische Netzkonzepte, wie z.B. die SNA von IBM oder die DNA von Digital Equipment an diesen Standard angepaßt.

Vielfach wird ein Server benötigt. Dies ist ein Rechner, der die Steuerung des Netzes übernimmt und bei dem sich andere Teilnehmer mit zentral abgelegter Software versorgen (vgl. Schneider 1986 S. 528). Kann der Server nur für diese Funktion verwendet werden, so spricht man von einem "Dedicated Server". Er "widmet" sich ausschließlich seiner Versorgerfunktion. Ist dies nicht der Fall, d.h. der Server kann auch als normaler Teilnehmer im Netz arbeiten, so handelt es sich um einen "Undedicated Server".

Die physische Verbindungen der LAN-Arbeitsstationen bestehen zumeist aus ein- oder mehradrigen Kupferkoaxialkabeln oder verdrillten Kupferkabeln. Es existieren aber auch Systeme auf der Basis von Lichtwellenleitern (Glasfaserkabel). Letztere sind pro Längeneinheit billiger aber aufgrund der notwendigen Umsetzer (Laserdioden/Fotodioden, die elektrische Impulse in lichtoptische und zurück umwandeln) pro Arbeitsstation teurer als bei einer Kupferkabelvernetzung (8000 DM gegenüber 1000 DM). Da in LANs die Verbindungslängen gering sind und die Zahl der Teilnehmer hoch ist, wird hier die Glasfasertechnik nur wenig verwendet (vgl. Tietz 1987 S.171).

In der praktischen Anwendung haben sich bis heute folgende, hardwareseitige Architekturen (Topologien) herausgebildet:

Das **Bus-Netz** ist durch einen einzigen Strang gekennzeichnet. Die Eigenschaften sind im Prinzip den Bussen gleich und wurden bereits oben erläutert. Die Vorteile dieser Netzkonstruktion bestehen in der leichten Erweiterbarkeit.

Die meistverbreitete Anwendung dieser Architektur findet sich in dem Ethernet, das auf einem einadrigen Koaxialkabel und einfachen Schnittstellen basiert. Ethernet ist ein Netzwerkkonzept auf der Basis eines Einstrang-Busses mit Protokollen auf sehr hardwarenahe Ebenen, auf das Protokolle auf höheren Ebenen (z.B. X.400) aufbauen. Die Produkte der Fa. Novell (Novell Netware) sind bekannte Netzbetriebsysteme, die auf Ethernet aufbauen. Dem Vorteil geringer Kosten steht als Nachteil gegenüber, daß immer nur ein Teilnehmer als Sender auftreten kann (sogenanntes CSMA-Prinzip (Carrier-Sense/Multiple Access)) und so die Gefahr eines Fehlers aufgrund einer Mehrfachbelegung besteht.

Das **Sternnetz** ist ein Netz, bei dem ein Verteiler zentral angeordnet ist. Ein Ausfall dieses Gerätes würde den Zusammenbruch des gesamten Netzes bewirken. Auch ist oft das zentrale Gerät nur für die Versorgung alle Netzteilnehmer zuständig (Dedicated Server). Die leichte Erweiterbarkeit und ein einfaches Netzmanagement sind dem positiv gegenüber zu stellen. Die Sternarchitektur bietet sich für den Fall an, daß sich eine zentrale Großanlage im Netz befindet, die nicht als Dedicated Server arbeiten muß.

Das **Ring-Netz** ist durch die serielle Verkettung aller Teilnehmer gekennzeichnet. Ring-Netze werden zumeist mit dem Token-Ring-LAN verbunden. Das Token-Ring-System basiert auf einer Art Eintrittskartenprinzip. Nur der Teilnehmer, der eine solche Eintrittskarte, den Token, besitzt, kann eine Nachricht in den Ring eingeben. Diese kreist solange umher, bis ein anderer Teilnehmer sie aufnimmt. Mit der Token-Ring-Architektur ist ein hoher softwareseitiger Steuerungsaufwand zur Verteilung der Token und zur Erkennung von Fehlfunktionen einzelner Teilnehmer verbunden. Nur etwa ein Drittel der gesendeten Datenmenge sind Netzsteuerdaten (2/3 sind Nutzdaten). Dem steht als Vorteil gegenüber, daß mehrere Sender Nachrichten ins Netz einspeisen können und ein Server prinzipiell nicht notwendig ist.

2.5.4 Wide Area Networks

2.5.4.1 WANs als Träger der Telekommunikation

WANs sind Vernetzungen von DVAs, die lokal weit getrennt sind. Während bei LAN-Konzepten die verlegten Verbindungsleitungen noch in privater Hand sind (z.B. in einem einzelnen Bürogebäude), ist dies beim Überschreiten der privaten Grundstücksgrenze aus rechtlichen Gründen und bei größeren Entfernungen aus Kostengründen nicht mehr möglich (vgl. Tietz 1987 S.230).

Reicht für geringe Entfernungen und Teilnehmerzahlen noch die Verlegung von einfachen Kupferkabeln aus, muß für hohe Belastungen auf die Glasfasertechnik zurückgegriffen werden. Für interkontinentale Verbindungen sind sogar Nachrichtensatelliten sinnvoll. Über diese Telekommunikationseinrichtungen besitzen jedoch nur die öffentlichen Postgesellschaften die Hoheit.

Für ein WAN muß daher auf die öffentlichen Telekommunikationseinrichtungen zurückgegriffen werden. Für private WANs werden Verbindungsleitungen des Wählnetzes der Postgesellschaften angemietet, die das Netz bildende Netzsoftware stellt der private Betreiber (vgl. Tietz 1987 S. 222f). Hier wird besonders deutlich, daß das physische Netz und das WAN nicht die gleiche Struktur haben müssen.

In einem einfachen Fall wird z.B. eine Telephonstandleitung von der Firmenzentrale eines Unternehmens zu einer Filiale gemietet. Es existieren aber auch private Gesellschaften, die über die Welt verteilte Telekommunikationsnetze betreiben und dabei ihre Verbindungsleitungen anmieten. Anbieter, wie z.B. IBM und GEISCO (MARK III-Netz) stellen mit diesen WANs auch eine Reihe von Telekommunikationsdiensten zur Verfügungen (vgl. Kalscheuer 1987 S.65).

2.5.4.2 Telekommunikationsdienste

Es gibt in Europa noch sehr wenige private Anbieter von Telekommunikationsleistungen. Hauptanbieter auf diesem Markt sind die (öffentlichen) Post- und Telephongesellschaften (vgl. Hick 1989 S. 128). Eine Übersicht über verschiedene Telekommunikationsformen und -dienste zeigt die folgende Abbildung 9.

Gegenstand	Dienst	Netz
Sprache, Musik	Telefon Sprechfunk, Hörfunk	Fernsprechnetz, kabelgebunden oder drahtlos drahtlos
Text (Daten)	Telex Teletex (Bürofernschreiber) Bildschirmtext Kabeltext Videotext Telemetrie (Fernmessen), Fernwirken, so Fernschaltung	Telexnetz Datennetz Fernsprechnetz Breitbandnetz drahtlos Breit- oder Schmalbandnetz oder drahtlos, Datex-L, Datex-P
Festbild	Telefax (Fernkopieren), Faksimilezeitung Fernsprecheinzelbild, Telefoto Kabelbild	Schmal- oder Breitbandnetz Fernsprechnetz Breitbandnetz
Bewegtbild	Bildtelefon, Videokonferenz, Fernzeichen, Kabel-TV TV Fernbeobachtung	Breitbandnetz drahtlos

Abb. 9: Telekommunikationsformen (nach Tietz 1987 S.281)

Als einziger öffentlicher Telekommunikationsanbieter in der Bundesrepublik tritt die Deutsche Bundespost mit den folgenden Diensten auf:

- Telephon
- Telebox
- Teletex/Telex
- Telefax
- Bildschirmtexte (BTX)
- Datex-Dienste.

Telephon: Das Telephonnetz, als Hauptnutzer des Wählnetzes der DBP arbeitet z.Zt. noch auf analoger Basis, d.h. die Daten (natürliche Sprache) werden in analoger Form übertragen. Eine Umstellung auf digitale Arbeitsweise ist im später erläuterten Rahmen des ISDN bereits im Gange. Neben den bekannten Serviceeinrichtungen sind in letzter Zeit z.B. der Service 130 (Inbound-Telephon) hinzugekommen, der es ermöglicht, bei einem Teilnehmer zum Ortstarif oder kostenlos anzurufen, auch wenn es sich um ein Ferngespräch handelt. Die Gebühren werden dem Angerufenen belastet. Neu sind auch ein Anrufweiterschaltsystem und die Verbesserung des drahtlosen Telephonierens durch Einführung des C-Funkfernsprechnetzes. Noch nicht sehr bekannt sind Festbildtelephone, die alle 30 Sekunden ein Bild (Fernsprecheinzelbild) mit übertragen können und Kartentelephone, die statt Münzgeld entwertbare Magnetkarten aufnehmen (vgl. Tietz 1987 S. 284ff).

Telex/Teletex: Das Fernschreibernetz (Telex) ist schon seit vielen Jahren bekannt und muß daher hier nicht weiter erläutert werden. Es soll langfristig durch Teletex ersetzt werden. Letzteres umfaßt neben der Texteübertragung auch die direkte Möglichkeit der anspruchvollen Texterstellung und -gestaltung bei erheblich höherer Datenübertragungsgeschwindigkeit (vgl.Tietz 1987 S.305f).

Telefax: Telefax, das Fernkopierernetz zur Übertragung von frei gestaltbaren Vorlagen (Faksimile), hat sich in den letzten Jahren erheblich verbreitet. Selbst private Haushalte können sich in Anbetracht der stark gesunkenen Kosten einen Anschluß leisten.

Telebox: Unter dem Stichwort "Electronic Mail" wird die Versendung von Korrespondenz auf elektronischem Wege in Analogie zum normalen Postverkehr verstanden (vgl. Kruschel 1987 S.12/13, Barth 1987 S.12f, Mackay 1988 S.4ff). Hierzu werden den Teilnehmern elektronische Briefkästen eingerichtet, die in ihrer Funktion analog zu den traditionellen Briefkästen zu sehen sind. In Analogie zu den Postfächern bietet die DBP hierfür die Telebox an. Statt einen Brief zu einem Postfach zu senden, wird er vom eigenen PC (z.B.) zur Telebox des Adressaten geschickt.

BTX: Aufgrund der derzeitigen großen Diskussion und häufigen Darstellung von Bildschirmtext wird hier nicht weiter darauf eingegangen. Es soll hier nur aus Vollständigkeitsgründen aufgeführt sein.

Datex-Dienste: Datex-Dienste sind digitale Datenwählnetze. Sie ermöglichen, wie oben erläutert, privaten Teilnehmern Leitungen direkt über das Wählnetz der DBP für ihre eigenen WANs zu nutzen. Auch die oben genannten Postdienste nutzen zum Teil diese Netze. Zwei Datex-Netze sind zu unterscheiden: Datex-L und Datex-P. Der Unterschied zwischen beiden Systemen liegt in der Datenübertragungsform begründet und soll hier nicht weiter interessieren.

Typische Marketinganwendungen der Telekommunikation, die schon heute größere Verbreitung finden, sind Teleshopping/-offering und Teleselling. Bei ersterem werden die Produkte über das Fernsehen präsentiert, die Bestellung erfolgt über das Telephon (zwei Medien werden genutzt!). Im anderen Falle gehen Präsentation und Bestellung über dasselbe Medium (vgl. Strauss, 1983 S.56). Hierfür ist Bildschirmtext sehr geeignet. Die Akzeptanz dieses Postdienstes war in den letzten Jahren noch sehr gering. Es ist nun jedoch ein Aufschwung zu bemerken, der auf geringere Gebühren und eine etwas verbesserte Leistung zurückzuführen ist. Die Zukunft des BTX wird sich aber erst dann wesentlich günstiger gestalten, wenn die Geschwindigkeit und die graphischen Möglichkeiten erheblich verbessert werden. Dann ist auch über BTX ein CIA (Consumer Initiated Advertising) und das BTX-offering sinnvoll durchführbar. Die technischen Voraussetzungen werden demnächst mit der Breitbandtechnologie gegeben sein.

2.5.4.3 ISDN und Breitbandnetze

Die DBP bemüht sich, sämtliche Telekommunikationsdienste auf digitale Datenübertragung umzustellen und in eine einheitliche Kommunikationsinfrastruktur, d.h. gleichartige Gestaltung der Übertragung aller zu tranportierenden Größen, zu bringen. Damit wird es möglich, alle genannten Dienste, sowie weitere Telekommunikationsformen, wie z.B. Bildtelephonsysteme (Telephone mit integrierter Bewegtbildübertragung) und dessen erweiterte Nutzung für Videokonferenzen[1] sowie Kabelhörfunk und Kabelfernsehen (mit Kabel- bzw. Videotext) auf einem Träger (z.B. Glasfaserkabel) zu übertragen. Auf dieser Basis können alle verschiedenen Bürogeräte sehr einfach in ein "multifunktionales Arbeitsplatzsystem" zusammengefaßt werden (vgl. Kalscheuer 1987 S.64f).

Da dieses Nebeneinander von Kommunikationsformen ein großes Spektrum von Trägerfrequenzen nutzt, also mit einer großen Übertragungsfrequenzbandbreite (ein Frequenzband ist der Frequenzbereich, der für einen Übertragungskanal belegt wird) gearbeitet wird, spricht man von Breitbandkommunikation (vgl. Schneider 1986 S.60). Ein Netz, daß alle genannten Eigenschaften besitzt, ist das von der DBP in den kommenden Jahren angestrebte Universalnetz. Der 1986/87 geplante Weg dahin ist in der Abbildung 10 gezeigt.

---

[1] Unter Videokonferenzen wird die Verbindung entfernt sitzender Teilnehmer einer Konferenz mittels moderner Kommunikations- und Informationstechnologien verstanden. Dabei werden Bild und Sprache der Teilnehmer per Breitbandkabel oder Satellit übertragen, Unterlagen können per Telefax jedem zugänglich gemacht werden. Die gleichzeitige Nutzung weiterer Informationstechniken (PC etc.) ist ebenso möglich (vgl. Montag 1986 S.62).

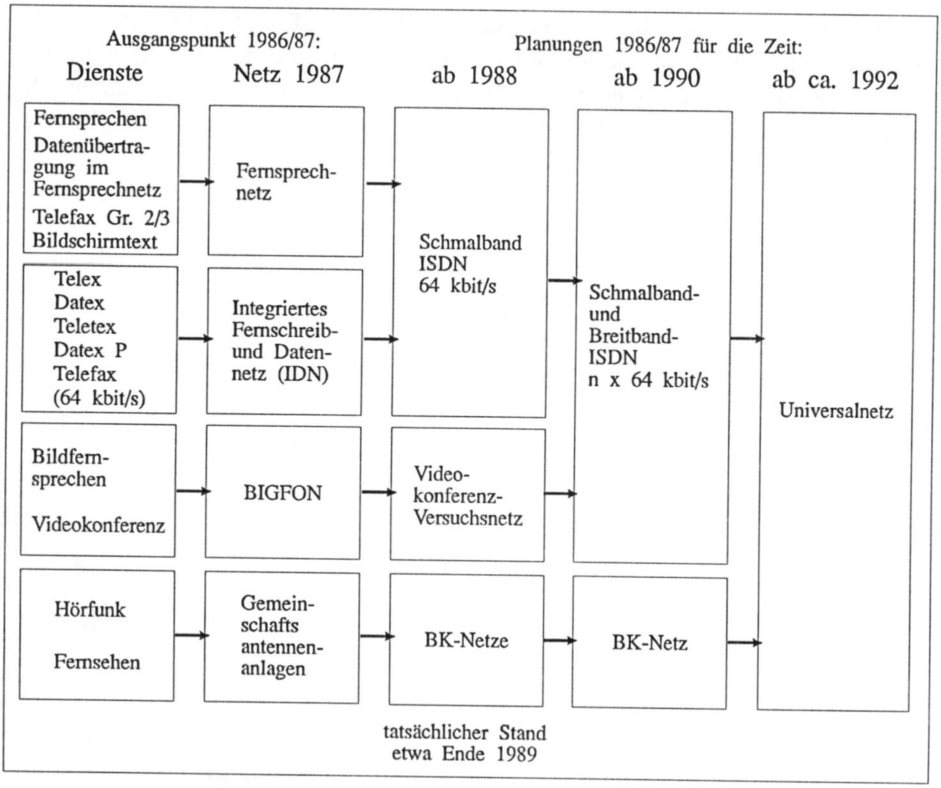

Abb. 10: Der Weg der Bundespost zum Universalnetz nach Planungen 1986/87

Eine Zwischenstufe stellt das ISDN-Konzept (ISDN= Integrated Services Digital Network) dar. Es arbeitet zunächst noch nicht auf Breitbandbasis, integriert aber alle Postdienste, so daß auch das Telephonnetz auf digitale Übertragung umgestellt werden muß (vgl. Langen/Siemen 1988 S.15, Zucker 1987b S. 52).

Obwohl schon heute zahlreiche ISDN-Anschlüsse zur Verfügung stehen, konnte die DBP den in Abbildung 10 gezeigten Zeitplan bisher nicht einhalten. Der für 1988 angestrebte Zustand (vgl. Abbildung 10 3.Spalte) ist erst heute (1990) erreicht. Bedingt durch die politischen Veränderungen steht eine weitere Verzögerung von einigen Jahren zu erwarten (vgl. Zentes 1987c S. 111). In den kommenden Jahren wird die Befriedigung des Nachholbedarfes im Telephonnetz der ehemaligen DDR Vorrang besitzen.

Die Möglichkeiten, die sich aus der Nutzung der Postdienste und der öffentlichen Kommunikationsinfrastruktur für das Marketing ergeben, sind vielfältig. So werden

WANs zum Träger schneller und zielgenauer Werbemedien. Die Abwicklung des Verkaufs kann vielfach wesentlich beschleunigt werden und der computergestützte Aussendienst (Computer Aided Selling) kann sein größtes technisches Problem, die langsame Kommunikation mit dem Host, überwinden.

2.6 Datenausgabe

2.6.1 Bildschirmausgabe

Unter Datenausgabe soll hier nur diejenige Ausgabe verstanden werden, bei der die Daten nicht weiter computergestützt verarbeitet werden. Eine Ausgabe von Daten auf z.B. Floppylaufwerke, Wechselplatten oder Lochkarte/Lochstreifen impliziert eine spätere Weiterverarbeitung und soll hier unter den Begriff Datenübertragung fallen. Die heute üblichen Ausgabeformen sind Bildschirm, Drucker/Plotter/etc., Sprachausgabe und spezielle Einzeleinrichtungen (z.B. Blindenlesestreifen).

Die Bildschirmausgabe ist für heutige Dialogsysteme unerläßlich. In diesen Betrachtungsbereich gehören nicht nur der Bildschirm selbst, sondern auch die elektronischen Komponenten, die den Bildschirm vom Computer aus ansteuern. Die mögliche Qualität der Software ist von der Leistung der Graphikhardware im Computer und dem dazugehörigen Bildschirm abhängig.

Während im Großanlagenbereich heute oft noch reine Textausgabesyssteme vorherrschen, die keine graphischen Möglichkeiten besitzen, gab es schon vor 8 bis 10 Jahren im Homecomputerbereich anspruchsvolle Graphikhardware. Heute gehört eine schnelle Graphikhardware zu jedem Personal Computer und jeder Workstation.

Leistungskennzeichen der ensprechenden Hardware sind die Anzahl der gleichzeitig darstellbaren Farben, die Zahl der Farben aus denen gewählt werden kann, die Auflösung in Punkten (Pixel horizontal x Pixel vertikal), die auf dem Bildschirm dargestellt werden kann und der Durchsatz an Zeichen und Steuerdaten vom Computer zum Bildschirm. Heutige Personal Computer werden vielfach mit Graphikhardware ausgeliefert, die 1024 X 768 Punkte bei 256 Farben aus einer Auswahl von 256000 Farben zur Verfügung stellt.

Insbesondere Graphiksysteme, wie DTP und CAD benötigen hohe Auflösungen und hohe Geschwindigkeiten der Hardware. Daher werden vielfach spezielle Graphikprozessoren verwendet, die erheblich höhere Durchsatzraten aufweisen. Auf diese Weise werden Auflösungen von 2000 X 2000 Punkten bei 256 Farben (aus 16 Mio. Farben) bei erträglicher Geschwindigkeit möglich. Der maximale Datendurchsatz z.B. bei Personal Computer kann so von 800000 bis 1,5 Mio. Zeichen/sec. auf 4-5 Mio. steigen.

Der weitaus größte Teil (>70%) der heutigen PC-Software setzt Graphikhardware voraus und dieser Anteil steigt weiter. Die Macintosh-Systeme der Fa. Apple sind schon 1985 ausschließlich auf graphische Software ausgerichtet worden.

Um Software- und Hardwarekompatibilität zu gewährleisten, bilden sich insbesondere im PC-Bereich Graphikstandards. Zu diesen gehören heute z.B. Hercules (Monochrom-Graphik-Standard nach der amerikanischen Fa. Hercules bezeichnet),

EGA (Enhanced Graphics Adapter, Farbdarstellung), und VGA (Video Graphics Adapter, Farbdarstellung, Ansteuerung des Bildschirms mit Analogsignalen)(für eine gute Übersicht vgl. Börner 1988). Auf der Basis dieser Standards wird gerade im PC-Bereich in Zukunft die Entwicklung zu höherer Auflösung und schnellerer Verarbeitung gehen, Graphikprozessoren, im Workstationbereich schon heute der Standard, werden sich auch hier weiter verbreiten.

Der Bildschirm selbst muß technisch zu der Graphikhardware passen. Als Leistungskennzeichen von Bildschirmen können objektive und subjektive Kriterien hernagezogen werden. Als objektive Kriterien sind die Flexibilität der Nutzung (Anschlußmöglichkeiten an möglichst viele verschiedene Graphikhardware), die Größe (es wird die Bilddiagonale gemessen) und Strahlungsemissionswerte (orientiert an der schwedischen MPR-Norm) zu nennen. Die Stabilität der Farben, die Bedeutung von Verzerrungen und ergonomische Gesichtspunkte sind als subjektive Kriterien hinzuzuziehen (für ausführliche Erläuterungen sei Schnurrer 1990 empfohlen).

Die Zukunft der Graphikhardware wird sich an immer wieder neuen Standards orientieren. Bis zum Jahre 2000 wird im PC und Workstationbereich prozessorgetriebene und somit erheblich schnellere Graphikhardware mit 1200 x 1200 Punkten bei 256 Farben als Standardausrüstung zu erwarten sein, für Spezialanwendungen können noch wesentlich höhere Auflösungen realisiert werden. Eine besondere Entwicklung zeichnet sich in Analogie zur Druckerentwicklung ab: Die Verwendung der Seitenbeschreibungssprache "Postscript": Die Bilder werden nicht mehr als eine Sammlung von Punkten aufgefaßt, sondern als Summe von Elementen einer Seite, deren Beschreibung standardisiert sind. Die Graphikhardware muß dann diese Seitenbeschreibung in Punkte für den Bildschirm umrechnen. Dies benötigt zwar eine höher Rechenleistung, bringt jedoch den großen Vorteil der Portabilität mit sich: Ein Postscript-Bild kann von jedem Graphikstandard benutzt werden (eine ausführlichere Darlegung findet sich u.a. bei Dotzauer 1988).

Für die Bildschirme selbst ist eine weniger schnelle Entwicklung zu erwarten. Die Veränderungen werden sich an den Standards der Graphikhardware orientieren. Sie werden zudem den höheren Anforderungen an strahlungsarme Bildschirme (z.B. nach der schwedischen MPR-Norm, empfohlen vom Schwedischen Strahlenschutzinstitut (SSI)) gerecht werden müssen.

2.6.2 Druckausgabe

Drucker sind eine weitere Möglichkeit der Datenausgabe. Hierfür stehen verschiedene Drucktechnologien zur Verfügung, unter denen die wichtigsten die...

- Nadeldrucker,
- Tintenstrahldrucker,
- Plotter und
- Laserdrucker

sind.

Thermodrucker, Typenraddrucker etc. besitzen nur eine relativ geringe Verbreitung und ihr Einsatz ist nur für bestimmte Anforderungen sinnvoll. Sie sollen hier nicht näher betrachtet werden.

Nadeldrucker gehören zu der Gruppe der Matrixdrucker und besitzen den größten Anteil am Druckermarkt. Da alle Druckelemente über eine Nadelmatrix, die ein Farbband bedruckt, auf Papier gebracht wird, kann das Schriftbild um so besser sein, je größer die Zahl der Nadeln in der Matrix sind. Heute sind 9-Nadel- und 24-Nadel-Drucker weit verbreitet, es existieren aber auch schon erste 48-Nadel-Systeme. Nadeldrucker sind eine sehr kostengünstige Lösung. Drucker mit 24 Nadeln sind für weit unter 1000 DM zu erhalten. Das Geschwindigkeitsspektrum der heute angebotenen Nadeldrucker reicht von 80 bis 600 Zeichen/sec.. Außerdem ist der Druck von Papier mit Durchschlägen möglich. Nadeldrucker besitzten jedoch eine recht hohe Geräuschentwicklung.

Tintenstrahldrucker schleudern kleine Tröpfchen auf das Druckpapier, die je nach Lage des Punktes in einem gedachten Matrixfenster mehr oder weniger stark abgelenkt werden. Sie gehören somit zur Gruppe der Matrixdrucker. Die Leistungskennzeichen sind daher den Nadeldruckern sehr ähnlich. Ein wichtiger Vorteil der Tintenstrahldrucker ist die sehr geringe Geräuschentwicklung.

Plotter sind für die Erstellung von Graphiken konstruiert. Das Drucken längerer Texte ist hier nicht sinnvoll. Ihr Anwendungsgebiet ist somit sehr begrenzt. Insbesondere im CAD- und Design-Bereich finden diese Geräte Anwendung. Plotter sind zumeist nach zwei Prinzipien konstruiert: Die Funktionsweise der X-Y-Schreiber basiert auf einem Träger, der sich in einer Dimension (X-Achse) bidirektional bewegt. Auf ihm sitzt ein Läufer, der sind auf dem Träger in zwei Richtungen (Y-Achse) bewegen kann. Ein Stift ist an den Läufer montiert und kann so zu jedem Ort auf ein eingelegtes Papier gesteuert werden. Dabei kann der Stift auf dem Papier aufliegen (zeichnen) oder über dem Papier schweben (nicht zeichnen). Die andere Gruppe der Plotter dagegen arbeitet ähnlich wie ein bidirektionaler 1-Nadel-Matrixdrucker. Während beim X-Y-Schreiber das Druckpapier nicht bewegt wird und der Zeichenstift in beiden Dimensionen (X- und Y-Achse) gefahren werden kann, bewegt sich der Stift beim Plotter nur in der Horizontalen (X-Achse). Der Läufer, der den Stift hält, ist wie bei einem Matrixdrucker montiert. Das Papier wird über eine Walze bidirektional geführt und kann so in der Vertikalen positioniert werden.

Laserdrucker sind in ihrer zugrunde liegenden Technik den Kopierern sehr ähnlich (als einfache Einstiegslektüre sei Aschoff 1988 empfohlen). Sie sind vorwiegend Einzelblattdrucker. Jede Seite wird vor dem Druck von einem im Laserdrucker vorhandenen Prozessor berechnet und während des Drucks aus dem dazugehörigen Hauptspeicher abgerufen. Spezielle Textlaserdrucker, die auch Endlospapier verarbeiten, können heute bis zu 30000 Zeilen / Minute drucken. Laserdrucker zeichnen sich durch eine hohe Druckgeschwindigkeit (Geräte zwischen 5000 bis 10000 DM können 8 bis 12 Seiten/Minute drucken), gute Auflösung (300 bis 800 Punkte pro Zoll) und einen geringen Geräuschpegel aus. Leider steigen die Kosten für Laserdrucker für höhere Geschwindigkeiten und größere Seitenformate extrem an. Auch Farblaser-drucker sind ca. sieben- bis achtmal so teuer wie ihre einfabigen Pendants.

Die steigenden Anforderungen an hohe Geschwindigkeit, guter Schriftbildqualität und geringen Geräuschemissionen fördert die Bedeutung der Laserdrucker, während Nadeldrucker ihren Marktanteil verkleinern werden. Lediglich Tintenstrahldrucker werden wegen ihrer geringen Geräuschemissionen weiter steigende Marktanteile besitzten.

Die Seitenbeschreibungssprache "Postscript", die zuerst für den Druckerbereich eingeführt wurde, heute aber auch für die Bildschirmausgabe (s.o.) herangezogen wird, kann sich weiter durchsetzen. Hierdurch wird die Erstellung von Druckvorlagen vom Drucker unabhängig. Diese Entwicklung fördert besonders die Verwendung von Laserdruckern, da diese Geräte über die notwendigen Hardware-Voraussetzungen (Prozessor, großer Speicher) verfügen (vgl. u.a. Dotzauer 1988).

Der Sprach- und Tonausgabe ist bisher nur ein geringes Interesse entgegengebracht worden. Lediglich im Homecomputerbereich sind Systeme vorhanden, die mit hoher Qualität (Mehrkanalton und Tonqualität eines CD-Players) arbeiten. Im PC und Workstationbereich ist die Anwendung anspruchsvoller Systeme bisher noch sehr selten. Vorwiegende Anwendung sind Spiele, Kompositionssysteme und interaktive Systeme für Blinde. Aber es lassen sich mit diesem Ausgabemedium viele Anwendungen finden: Auskunftssysteme, multimediale Präsentationssysteme und Lehrsysteme. Die weitere Entwicklung der Sprachausgabe wird wesentlich von den Möglichkeiten der Spracherkennung abhängen. Diese Problematik wird aber zu einem späteren Zeitpunkt behandelt.

3 Software

3.1 Überblick und Grundbegriffe

Unter Software werden alle immateriellen Teile einer Datenverarbeitungsanlage zusammengefaßt (Schneider 1986 S.537). Sie kann nach mehreren Kriterien unterteilt werden. Die Übersicht 11 zeigt einige davon:

Unterteilung nach			
dem Systembezug:	Systemssoftware	↔	Anwendersoftware
dem Anwenderkreis:	Individualsoftware	↔	Standardsoftware
dem Benutzerzugriff:	Dialogsoftware	↔	Stapelverarbeitungssoftware

Abb. 11: Unterteilungsmöglichkeiten für Software

Systemsoftware besteht hauptsächlich aus dem Betriebssystem. Es ist für die Nutzung und Koordination der hardwareseitigen Ressourcen zuständig (z.B. durch I/O-Prozeduren, Verteilung der Prozessorleistung etc.) und stellt Dienstprogramme für verschiedene Systemfunktionen zusammen (vgl. Schneider 1986 S.584).

Anwendungssoftware sind Programmpakete, die zur Unterstützung der Aufgaben des Benutzers der DVA herangezogen werden. Sie greifen entweder auf die vom System zur Verfügung gestellten Routinen zu oder gehen an der Systemsoftware vorbei direkt auf den Prozessor.

Eine weitere Unterteilung kann in Standard- und Individualsoftware vorgenommen werden. Letztere ist speziell auf einen Anwender hin erstellt worden, während Standardsoftware zum Zwecke der Nutzung durch viele Anwender allgemein gehalten wurde.

Dialogsoftware ist jede Software, die während ihrer Nutzung in mehr oder weniger intensivem Austausch mit einem Benutzer steht, während Stapelsoftware nach ihrem Start keinen Dialog mit dem DVA-Benutzer anstrebt und sich erst bei Beendigung der Arbeit zurückmeldet.

Unterhalb dieser Unterteilung läßt sich die Gliederung der existierenden Software nach einer nahezu unbegrenzten Zahl von Kriterien unterteilen. Eine für die Betrachtungen in dieser Arbeit sinnvolle Unterteilung zeigt die Graphik in Abbildung 12, die sich an verschiedene Strukturierungsvorschläge anlehnt (vgl. Schneider 1986 S.537, Stahlknecht 1985 S.8, Hansen 1987 S.324, Scheer 1987 S.122, Maenner 1986 S.35, Nomina 1988). Der Bereich der Standardsoftware ist gemäß den am Markt gefundenen Strukturen weiter untergliedert. Einige dieser Softwaresystemgruppen, die für die Betrachtungen in dieser Arbeit besonders relevant sind, werden in den folgenden Kapiteln näher besprochen.

Von den genannten Begriffen sind Firmware, Teachware und Orgware zu unterscheiden. Während Firmware (s.o.) noch im weitesten Sinne zur Software zählen kann, muß Teachware nicht zwangsläufig nur aus Software bestehen. Teachware kann auch traditionelles Unterrichtsmaterial einschließen (vgl. Patzina 1987 S.141). Unter Orgware versteht man das für das Betreiben und die Wartung einer DVA notwendige Personal, nicht jedoch den Anwender (vgl. Schneider 1986 S.416).

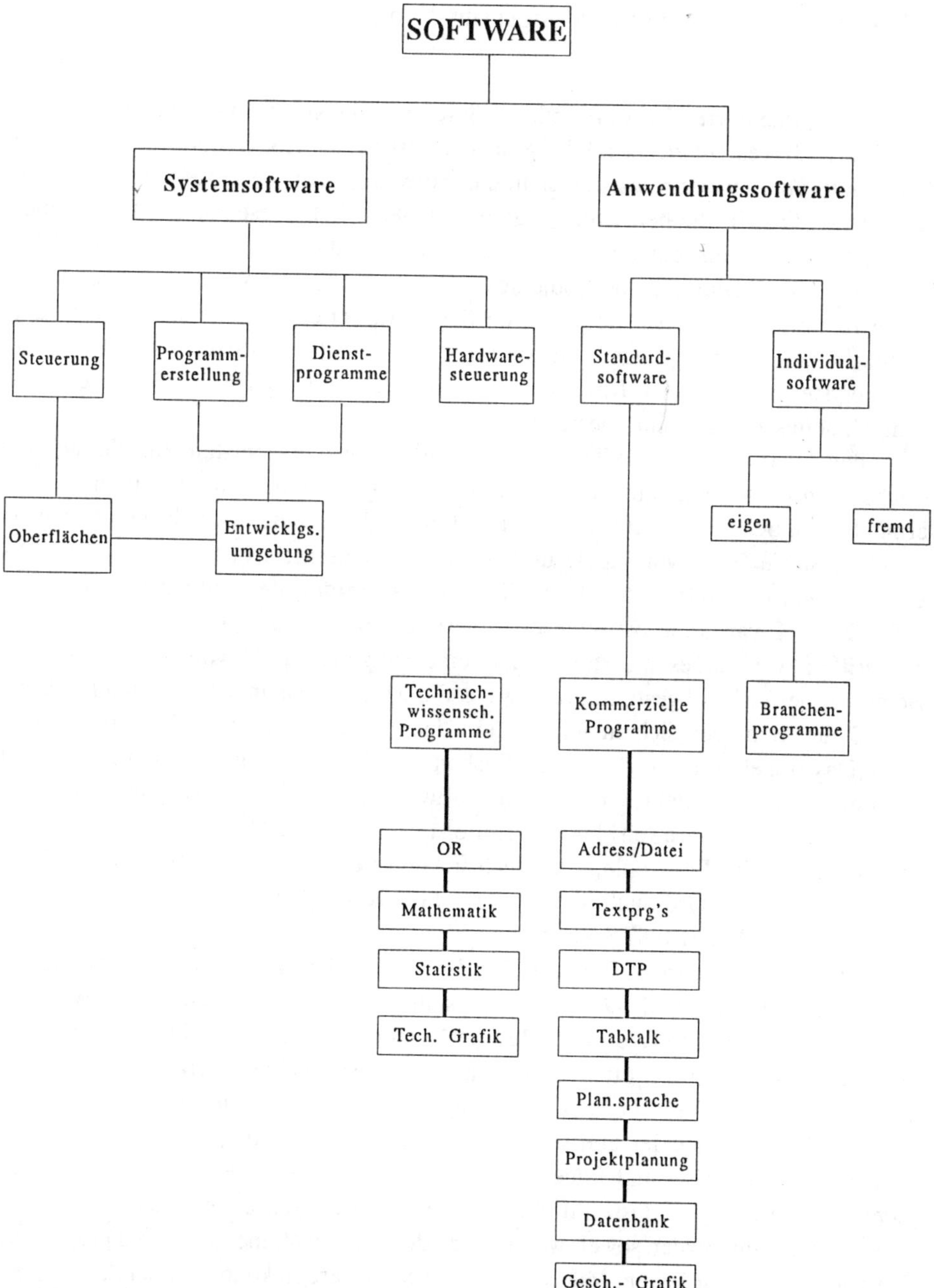

Abb. 12: Untergliederung Software (in Anlehnung an Schneider 1986 S.537, Stahlknecht 1985 S.8, Hansen 1987 S.324, Scheer 1987 S.122, Maenner 1986 S.35, Nomina 1988)

3.2 Oberflächen und Entwicklungsumgebungen

In dialogorientierter Software müssen Systemmeldungen dem Benutzer in irgendeiner Form dargestellt werden. Dies geschieht fast ausschließlich über einen Monitor. Die Form und Struktur, in der sich die Software dem Benutzer zeigt, wird als (Benutzer-) Oberfläche bezeichnet (vgl. o.V. 1988e S.52). Diese kann sehr aufwendig gestaltet sein, z.B. auf rein graphischer Basis arbeiten (d.h. mit Bildern oder bildlichen Symbolen als Kommunikationsobjekte) und die Nutzung von Maus (s.o.) und Lichtstift unterstützen. Auf der anderen Seite präsentieren sich viele Systeme dem Benutzer mit sehr geringer Ausstattung. Dies trifft insbesondere für ältere Betriebsysteme zu, deren Rückmeldung nicht selten lediglich in einem einzigen Symbol, dem sogn. "Prompt", bestehen.

In den letzten Jahren sind einige Oberflächenkonzepte entstanden, die sich auf solche Betriebssysteme aufsetzen und dem Benutzer einen komfortablen Dialog ermöglichen. Beispiele hierfür sind im PC-Bereich die Benutzeroberflächen Microsoft Windows sowie GEM von Apple und von Digital Research. Für das Betriebssystem UNIX ist ein Oberflächenstandard, "X-Windows", in der Verbreitung (vgl. Feenstar 1987 S.59). Zwar kann von diesen Oberflächen aus auf nahezu jede Software zugegriffen werden, es gibt aber auch eine steigende Zahl von speziell auf die Benutzeroberfläche abgestimmte Software. Sie ist im Erscheinungsbild standardisiert, so daß der Benutzer sich in jedem derartigen Softwarepaket leicht zurechtfinden kann. Das Angebot an für diese Oberflächen gestaltete Software ist so groß, daß sich ein Benutzer ausschließlich mit diesen Softwarepaketen ausstatten kann und so in einer "eigenen Softwarewelt" lebt. Vorreiter für eine solche "Welt" isthier das System des Macintosh der Fa. Apple, aber auch für den Personal Computer im Bereich des sogn. Industriestandards läßt sich heute dieses Konzept (z.B. unter MS Windows) realisieren (vgl. Mauri 1987 S.336f).

Kennzeichen moderner Benutzeroberflächen ist die graphische Darstellung fast aller Informationen und Darbietungshilfsmittel des Systems, so daß z.B. durch bildliche Darstellungen (z.B. Symbole) die Nutzung des Systems erheblich erleichtert wird. Hierzu wird sehr oft die sogenannte Fenstertechnik herangezogen. Diese graphisch dargestellten Fenster beinhalten ausgegebene Informationen, Systemmeldungen, Eingabefelder und sogar laufende Anwendungsprogramme. Die Fenster sind im allg. in Größe und Lage auf dem Bildschirm veränderbar, Fenster können jederzeit geöffnet, geschlossen und auch übereinander gelagert werden. Befehle und andere Eingaben werden soweit wie möglich durch Auswahlmenüs mittels graphischer Symbole, die z.B. mit einem Mauscursor angewählt werden können, ersetzt.

Zukünftige Software, auch wenn sie eine spezielle Ausrichtung besitzt, wird an diese Systeme anzupassen sein. Oberflächen und Betriebssysteme sind in ihrer

Wirkung auf den Softwaremarkt eng miteinander verbunden. Nur durch die konsequente Ausrichtung auf eine graphische Oberfläche wird es den Benutzern möglich, ohne große Umstellungen auf andere Systeme (z.B. von IBM auf Apple oder auf Workstations oder Großanlagen) umzusteigen. Der Abschied von DOS ist für die Gruppe der Personal Computer somit nur über eine solche Oberfläche zu realisieren. Es ist davon auszugehen, daß in Zukunft sich die Software wenigen großen Oberflächen-Standards für alle Computersystemtypen (wie z.B. die System Anwendungsarchitektur (SAA) von IBM) unterordnen wird. Die Zahl der Betriebssysteme wird sich in diesem Zuge verringern und Softwarepakete werden für die wenigen existierenden Betriebssysteme in gleicher Gestaltung angeboten.

Die Standardisierung auf wenige Oberflächen ermöglicht Entwicklungswerkzeuge, die die Erstellung von Software auf die wirklich wesentlichen Arbeiten begrenzen und zeitaufwendige Routinearbeiten abnehmen. Somit wird es auch kleinen Softwareanbietern möglich, leistungsfähige und umfangreiche Pakete zu erstellen. Die Folge ist ein stark ansteigendes Angebot an Anwendungssoftware unter diesen Oberflächen, so auch für Marketingaufgaben.

Eine andere Gruppe von Software sind Entwicklungsumgebungen. Eine Entwicklungsumgebung ist ein Umfeld, in dem Programme erstellt werden können. Sie besitzt zumindest einen Compiler (Übersetzerprogramm einer Programmiersprache), einen Linker (System zur Verbindung von Programmbestandteilen), einem Editor (System, in dem der Programmcode erstellt werden kann) und das Betriebsystem. Das Spektrum dieser Software reicht von einfachen Programmiersprachensystemen bis hin zu softwareseitigen Werkzeugen, die z.B. die Erstellung individueller Oberflächen ohne besondere Vorkenntnisse ermöglichen (vgl. Knorr 1980 S.135).

Die Bedeutung der eben besprochenen Systeme für das Marketing ist nur mittelbar zu sehen. Diese Systeme geben den benutzerbezogenen Rahmen vor, in dem die anwendungsorientierten Aufgaben der Software (Informationsgewinnung, Informationsaufbereitung, Entscheidungsunterstützung) bearbeitet werden, d.h. mit welchem Bedienungskomfort Erfassung, Speicherung, Transport und Verarbeitung von Informationen möglich sind.

3.3 Systeme zur Auswertung von Daten

3.3.1 Tabellenkalkulationsysteme

Tabellenkalkulationsysteme werden seit 1979 (mit dem System VISICALC) auf dem Markt angeboten und sind vorwiegend für Personal Computer konzipiert. Sie sind als Standardsoftware einzuordnen, erlauben aber dem Benutzer, Individualapplikationen zu erstellen (vgl. Schneider 1986 S.586).

Tabellenkalkulationssysteme, im englischen als Spreadsheets bezeichnet, stellen als Oberfläche ein Arbeitsblatt im Matrizenaufbau zur Verfügung. Jedes Element, Zelle genannt, kann mit Zahlen, Texten, Formeln o.ä. belegt sowie mit beliebig vielen anderen Zellen verknüpft werden. Somit wird es möglich, individuelle Rechenschemata mit allen zugehörigen Erklärungen zu erstellen (vgl. Hansen 1987 S.371). Wird an einer Stelle (in einer Zelle) in diesem Schema eine Änderung vorgenommen, die Auswirkungen auf andere Teile der Matrix besitzt, so werden diese vom System sofort nachgetragen. Die softwareseitige Ausgestaltung der Bearbeitungsschritte ist dabei dem manuellen Weg sehr ähnlich.

Für Problemstellungen, die eine gleichbleibende Berechnungsstruktur bei sich verändernden Zahlen aufweisen (z.B. What-If-Analysen, Goal Seeking, Forcasting, wie sie im Marketing für preispolitische Aktivitäten sowie Planungs- und Controllingaufgaben notwendig sind), ersparen Tabellenkalkulationssysteme die wiederkehrende Neuerstellung der Strukur und ersparen somit erhebliche Zeit für den Benutzer. Zusammen mit der hohen Flexibilität für viele, unterschiedliche Problemstellungen förderte dieser Vorteil den großen Erfolg der Spreadsheetsysteme.

3.3.2 Statistiksoftware

Tabellenkalkulationssysteme sind sehr flexible Auswertungssysteme. Statistiksysteme sind ebenfalls Auswertungsysteme, sie sind jedoch auf einen vorgegebenen Umfang an Auswertungsfunktionen/-methoden beschränkt. Sie sind Softwarepakete zur Datenanalyse, die ein großes Spektrum der mathematischen Statistik umfassen. Sie haben in der heutigen Marktforschung eine große Bedeutung. Die Systeme besitzen gegenüber Tabellenkalkulationssystemen den Nachteil einer geringeren Flexibilität, die verwendeten Funktionen müssen jedoch nicht erst über ein Spreadsheet erstellt werden.

Statistiksysteme bestehen in ihrem Kern aus einer Methodensammlung, die für verschiedene Formen der Analyse entsprechende Funktionen zur Verfügung stellt (vgl. Zentes 1987a S.216). Als Ergänzung bieten die Systeme i.allg. weitere Bestandteile wie Graphiksysteme und Datenbankverwaltungen an, was sie zu integrierten Paketen werden läßt, die statt einer Tabellenkalkulation eine Methodenbank im Zentrum besitzen.

Für viele Systeme werden aufgesetzte Softwaresysteme angeboten, wie z.B. Dialogsystemgeneratoren, Graphikmodule und Expertensysteme (vgl. Gugel/Wang 1987 S.461, Ledford 1987 S.469, Artis 1987 S.602). Aufgrund dieser Zusätze lassen sich Anwendungen erstellen, die den später noch näher beschriebenen Entscheidungsunterstützungssystemen sehr ähnlich werden. Der Übergang hierzu ist fließend. Somit sind diese Systeme im Marketing nicht nur für die Marktforschung relevant, sondern stellen eine informationstechnische Verbindung von Marktforschung und Marketingmanagement dar. Statistiksysteme können auch auf bestimmte Methoden spezialisiert sein (z.B. LISREL PC für kausalanalytische Modellentwicklung). Eine Übersicht über Ausrichtungen zeigt die Abbildung 13.

3.3.3 Integrierte Pakete

In Anbetracht der oben beschriebenen Eigenschaften eines Spreadsheets liegt es nahe, diese Systeme mit weiteren Funktionen, wie einer Datenbank (s.u.), einer Textverarbeitung und einem Graphiksystem sowie verschiedener Dienstprogramme auszustatten. Dies geschah auch frühzeitig Mitte der 80er Jahre mit den sogn. "integrierten Paketen". Diese wurden mit einer Datenbank mit Abfragesprache, einem Textverarbeitungssystem, einem Business-Graphiksystem und Kommunikations- und Berichtsgeneratorsystemen ausgestattet (vgl. Hansen 1987 S.370ff, Teege 1986 S.15ff). Neben dem großen Angebot an Funktionen ergab sich als Vorteil der unproblematische Datenaustausch zwischen den Einzelsystemen.

Viele integrierte Pakete waren aber auf der einen Seite als Gesamtsystem viel zu überladen. Auf der anderen Seite jedoch waren die Einzelsysteme (Textverarbeitung etc.) für anspruchsvolle Anwendungen nicht ausreichend. Daher verlor diese Art von Systemen in den letzten Jahren an Bedeutung. Heute bestehen Tabellenkalkulationssysteme nur noch aus ihrem Kern und einer einfachen Datenbank oder Datenbankschnittstelle, sowie aus einem begrenzten Graphiksystem zur Darstellung der Ergebnisse.

Die oben beschriebene Integration verschiedener Systeme unter einer standardisierten Oberfläche bringt den Grundgedanken der integrierten Systeme wieder zurück, jedoch mit leistungsfähigen Einzelsystemen und Standardschnittstellen zu weiteren Anwendungen (vgl. Mußtopf 1987 S.51).

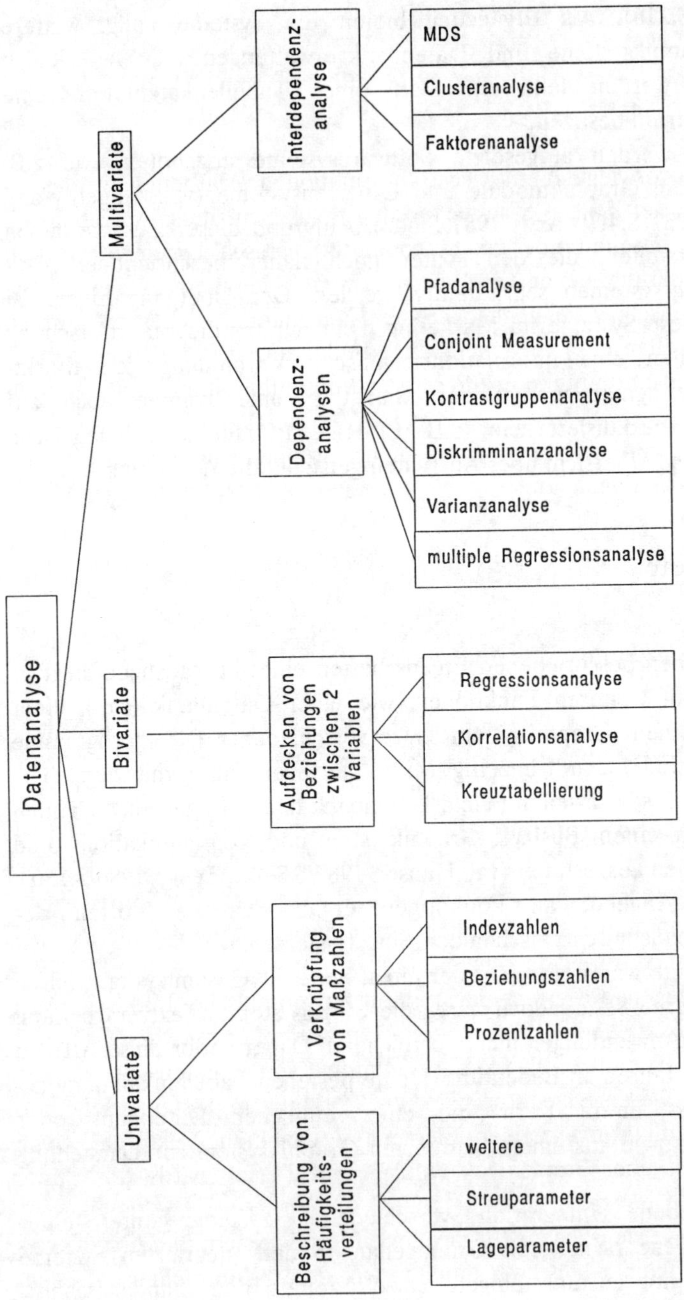

Abb. 13: Überblick Datenanalyseverfahren

3.4 Systeme zur Verarbeitung von Graphik

3.4.1 Überblick

Softwaresysteme, die vorwiegend graphische Informationen verarbeiten, werden als Graphiksysteme bezeichnet. Solche Systeme werden für verschiedene Aufgaben wie z.B. Einlesen und Aufbereiten noch nicht computertechnisch abgelegter Bilder, Erstellung und Veränderung neuer bzw. existierender Computergraphiken (freie Bilder, Graphiken, technische Zeichnungen u.a.) und Verbindung solcher mit anderen Elementen (Texte, Tabellen etc.) verwendet. Ihre Bedeutung im Marketing besteht insbesondere in der Hilfsmittelfunktion für Informationsaufbereitung und Entscheidungsunterstützungen.

Je nach Anwendungsrichtung können verschiedene Gruppen von Graphiksystemen unterschieden werden. Die folgenden Gruppen sollen hier näher betrachtet werden:

- Mal- und Zeichenprogramme,
- Geschäftsgraphik-Systeme,
- Desktop Publishing Systeme,
- Animationssysteme für Filmpräsentationen und IES,
- CAD-Systeme und
- Scanningsysteme.

3.4.2 Mal- und Zeichenprogramme

Mal- und Zeichenprogramme sind für die Erstellung neuer oder Änderung bestehender freier Bilder und Graphiken konzipiert.

Es gibt zwei grundlegende Betrachtungsweisen für graphische Informationen: Pixelorientierte Graphiken und objekt- oder vektororientierte. Pixelorientierte Softwaresysteme fassen Graphiken als eine Ansammlung von Punkten auf, d.h. die Elemente eines Bildes werden nicht erfaßt. Objektorientierte Systeme sehen in Graphiken eine Sammlung von einzelnen Elementen (Objekten, Vektoren), wenn auch der komplexe Inhalt einer Graphik (die Aussage) nicht erfaßt wird (vgl. Nijburg 1988 S.121).

Ein Beispiel soll dies verdeutlichen: Ein pixelorientiertes System faßt einen Kreis als eine Gruppe nebeneinander liegender Punkten auf, deren Koordinaten (auf dem Bildschirm oder Drucker) bekannt sind. Das System "weiß" nicht, daß es sich um einen Kreis handelt. Ein objektorientiertes System faßt einen Kreis als ein Gebilde auf, von dem die Koordinaten des Mittelpunktes (Lage) und der Radius sowie Farbe und Dicke bekannt sind. Das System "weiß" zunächst nicht, wie der Kreis aussieht. Die abzuleitende Punkteschar wird erst für die Darstellung auf einem Bildschirm oder Drucker errechnet.

Pixelorientierte Systeme werden als Malprogramme bezeichnet. Sie besitzen den Vorteil, daß eingelesene (gescannte), freie Bilder sofort verarbeitet und diese genauso wie selbsterstellte Bilder Punkt für Punkt geändert werden können. Der Nachteil dieser Systeme besteht darin, daß die Auflösung, also die Genauigkeit des gedruckten Bildes nicht konstant bleibt (vgl. Nijburg 1988 S.121). Mit der Vergrößerung des Bildes beim Ausdruck wird die Darstellung immer grober. Malprogramme sind für die Nachbearbeitung von eingescannten Bildern und für Graphiken, die sehr klein ausgedruck werden, gut geeignet.

Objektorientierte Systeme werden allgemein unter Zeichenprogrammen zusammengefaßt, wobei diese begriffliche Zuordnung vielfach durchbrochen wird. Ihr Vorteil liegt im einfachen Handling der Graphikbestandteile, den Objekten. Anordnungen und Größenveränderungen können somit leicht durchgeführt werden. Ein weiterer Vorteil liegt in der konstanten, vom Drucker abhängigen, Ausdruckqualität, d.h. es wird unabhängig vom Vergrößerungsfaktor des Ausdrucks immer die maximale Auflösung des Druckers ausgenutzt. Ein Objekt enthält je größer es ist um so mehr Punkte für die Darstellung. Als Nachteile sind das Fehlen der Möglichkeit zur punktgenauen Korrektur und die mit der Größe des Ausdrucks steigende Verarbeitungsdauer zu nennen. Zeichenprogramme finden ihre Anwendung bei der Erstellung oder Veränderung von Graphiken, die vorwiegend typisierte Elemente (Kreise, Linien, etc.) enthalten und deren Ausdruck bei jeder Größe eine hohe Qualität aufweisen muß.

3.4.3 Geschäftsgraphik-Systeme

Geschäftsgraphik-Systeme sind eine Mischung aus Spreadsheetsystemen (s.o.) und Zeichenprogrammen. Sie dienen der Visualisierung von Datenmaterial, ohne daß dies vorher berechnet werden muß (vgl. Zentes 1987a S.231). Letzteres unterscheidet Geschäftsgraphik-Systeme von Tabellenkalkulationen, die Graphikfunktionen anbieten. So ist es auch möglich mit Spreadsheets die Funktionen von diesen Geschäftsgraphik-Systeme zu ersetzen, jedoch sind letztere hierfür komfortabler und mit mehr Graphikfunktionen ausgestattet (vgl. Hofmann 1989 S.17, Nastansky 1984 S.34).

3.4.4 Desktop Publishing Systeme

Die Erstellung druckreifer Vorlagen auf einem Personal Computer unter Verwendung der Ergebnisse aus anderen Anwendungen (sogn. Zulieferprogramme für Text-, Graphik-, Bilderstellung) wird, zurückgehend auf Paul Brainerd (dem Gründer der Aldus Corp.) mit Desktop Publishing (DTP) bezeichnet (vgl. Kredel 1988b S.1/2, Scharfenberg 1988 S.14). Es ist der auf Einzelcomputer (PC und Workstation) begrenzte Teil des Computer Aided Publishing, dem als anderer Teil das sogn. Mainframe Publishing gegenübersteht. Der Begriff Electronic Publishing ist als Oberbegriff dessen anzusehen und schließt auch die hardwaretechnische Seite ein. Die folgende Abbildung stellt diesen Zusammenhang graphisch dar:

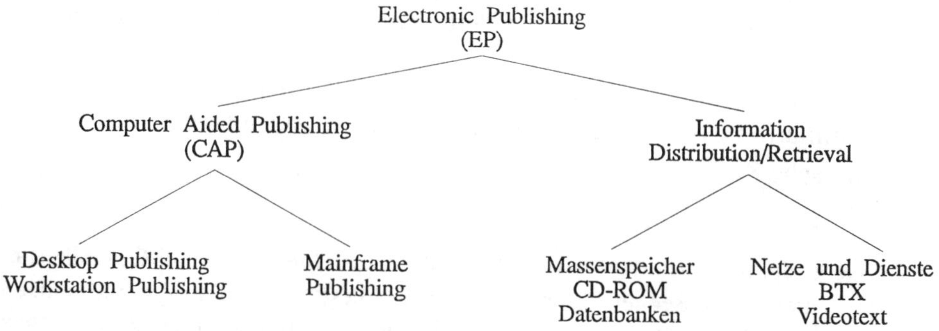

Abb. 14: Begriffshierachie des elektronischen Publizierens (nach Kredel 1988b S.2)

Zu den Funktionen eines DTP-Systems gehören die die Erfassung von Bildern, Graphiken und Texten, die Korrektur und gestalterische Anpassung dieser an das Layout des Gesamtwerkes (vgl. Kredel 1988b S.1). Während ursprünglich die DTP-Systeme als reine Layout-Gestaltungssysteme, die nur auf Arbeitsergebnisse aus Zulieferprogrammen zurückgreifen, verstanden wurden, bieten jedoch viele heute angebotenen Systeme umfangreiche Funktionen zur Erstellung von Texten und Graphiken (vgl. Haarmann 1987 S.39f). Die Probleme (Überladung des Systems etc.), wie sie oben für integrierte Pakete erwähnt wurden, können für diese Systeme analog übertragen werden.

Ein wichtiges Bewertungskriterium, das heute für nahezu jede Software herangezogen werden muß, ist die Fähigkeit zur WYSIWYG-Darstellung. Hinter diesem Kriterum verbirgt sich die Forderung, daß die Bildschirmdarstellung und das Ergebnis des Ausdrucks nahezu identisch sein sollten (WYSIWYG = "What You See Is What You Get" = "Was Sie sehen ist das, was Sie bekommen") (vgl. Tiemayer 1989

S.121). Die Anforderung ist für DTP-Systeme besonders bedeutend, weshalb diese Systeme die ersten waren, die das WYSIWYG-Prinzip weitgehend erfüllten.

In der Praxis verbreiten sich DTP-Syteme zunehmend für die schnelle Erstellung von Formatvorlagen und individuellen Layouts am Arbeitsplatz. Die anfänglich zentrale Verwendung in Satzstudios o.ä. verliert weiter an Bedeutung. Die direkte Sendung eines fertigen Druckwerkes vom Ersteller zum Drucksystem (dies kann ein einfacher Drucker aber auch eine aufwendige Repromaschine sein) wird schon vielfach in der Praxis realisiert (vgl. Pape 1989 S.36). Als Übersicht zeigt die Abbildung 15 das gesamte Verwendungsspektrum, aus dem Aufgaben für das DTP gezogen werden.

Für alle bisher hier besprochenen Graphiksysteme ist festzustellen, daß bis heute ein hohes Niveau hinsichtlich Leistungsumfang und Bedienerfreundlichkeit erreicht wurde. Weitere Entwicklungspotentiale liegen lediglich in der Erhöhung der Geschwindigkeit der Systeme und in der Verbesserung der WYSIWYG-Fähigkeiten.

3.4.5 Animationssysteme für Filmpräsentationen und Interaktive elektronische Systeme

Einige Graphiksysteme bieten die Möglichkeit, erstellte Bilder und Graphiken in kleinen Computerfilmsequenzen aufzubereiten. Diese Animationssysteme nutzen hierfür verschiedene Effekte zur Verbindung der Einzelbilder (vgl Nijburg 1988 S.120ff). Besonders aufwendige Systeme, die sich noch in der Entwicklung befinden, sollen es ermöglichen, traditionelle Filme mit eigenen Bildern zu überlagern, um dem Betrachter Steuerfunktionen bereitzustellen oder ihn mit zusätzlichen Informationen zu versorgen.

Die Systeme bestehen zumeist aus vier Bausteinen:

- Grabber: Ein Baustein zum Kopieren von vollen Bildschirmseiten aus beliebigen Programmen heraus, d.h. der gerade dargestellte Bildschirminhalt wird erfaßt und als Datei abgelegt. Ein Grabber kann auch auf spezielle Frame-Grabber-Hardware oder Digitzer (beide transferieren Bilder von Video) zurückgreifen.
- Bildeditor: Baustein zum Bearbeiten der verwendeten Bilder. Es handelt sich hierbei um einfache Malprogramme.
- Scripteditor: Baustein zum Festlegen des Ablaufs der Bildersequenz. Dieses Systeme ist ein Editor, der es dem Benutzer ermöglicht, ein "Drehbuch" für seine Präsentation zu verfassen. Hier werden die oben erwähnten Effekte zur Verfügung gestellt. Anspruchsvolle Systeme bieten auch Steuerfunktionen für akustische Funktionen an.

- Präsentationsbaustein: Dieses System ermöglicht den einfachen Ablauf der erstellten Bildersequenz ohne das Gesamtsofwarepaket benutzen zu müssen.

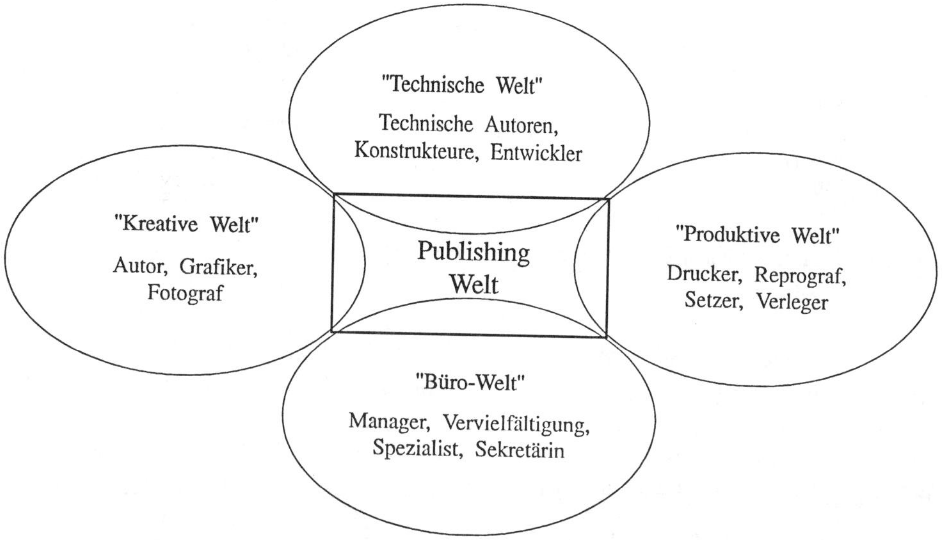

Abb. 15: Integration der vier Hauptanwendungbereiche zur Publishing Welt (nach Kredel 1988d)

Animationssysteme werden vorwiegend zur Vorstellung von Softwareprodukten und als Unterrichtshilfsmittel verwendet. Annimationsysteme gehören zu den Interaktiven Elektronischen Systemen (IES). Während im weiter gefaßten Sinne jedes auf Dialog orientierte elektronische System ein IES wäre, wird heute der Begriff enger eingegrenzt: IES sind nur diejenigen Systeme, die vollständig auf Dialog und Repräsentation von Informationen und nicht auf die Veränderung von Daten ausgerichtet sind. Anspruchsvolle, graphische Darstellungen von Informationen und die Verbindung mit verschiedenen Medien (Audio, Video) stehen hier genauso im Vordergrund, wie die auf das IES abgestimmte Daten- oder Informationsbank. Die folgende Abbildung 16 verdeutlicht die Möglichkeiten dieser Systeme.

So sind bereits Systeme im Einsatz (z.B. der Fa. Apple), die es ermöglichen sollen, traditionelle Filme mit eigenen Bildern zu überlagern, um dem Betrachter Steuerfunktionen bereitzustellen oder ihn mit zusätzlichen Informationen zu versorgen. Als Hindernis stellt sich heute jedoch noch die begrenzte Kapazität schneller, externer Speicher entgegen. Bildplatten- und CD-RAM-Systeme sind hier ein wichtiges Medium (ausführlichere Erläuterungen finden sich u.a. bei Weinhold-Stünzi (1989), Furrer (1989), Leber (1989) und Feldmann (1989)).

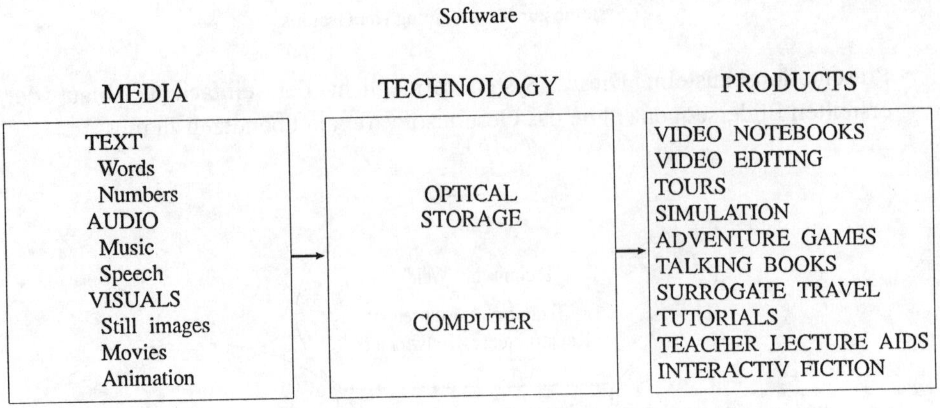

Abb. 16: Elemente in Multimedia-Systemen (vgl. Ambroen/Hooper 1989 S.2)

Die Anwendungsmöglichkeiten der IES im Marketing sind sehr groß und weitgestreut. Haupteinsatzgebiete sind Auskunfts- (z.B. für Produkt- und Dienstleistungsauskunft und -beratung; für Ausstellungen und Messen) und Schulungssysteme. Selbst elektronische Messen, die ausschließlich mittels IES auf telekommunikativem Wege durchgeführt werden und der elektronische Unterricht CBT= Computer based Training) befinden sich heute schon in der Anwendung.

Durch die wachsende Orientierung zu graphischen Systemen und visualisierten Informationen wird die Bedeutung der IES weiter steigen. Die sich schnell verbessernden hard- und softwaretechnischen Voraussetzungen (z.B. schnelleres BTX/ISDN, schnellere und feiner aufgelöste Graphiken durch Zusatzprozessoren und größere Speicher etc.) unterstützen diesen Prozeß.

Eine weitere, graphisch sehr anspruchsvolle Richtung ist die Erstellung von möglichst naturgetreuen 3-D-Bildern für Computerfilmsequenzen. Schatten und Reflexionen werden auf der Basis der sogenannten Raytracing-Methode exakt bestimmt und im Film nachverfolgt. Der Anspruch an die Geschwindigkeit der Hardware ist jedoch extrem hoch (vgl. Schultze 1990 S.82ff).

3.4.6 CAD-Systeme

Computer-Aided-Design-Systeme sollen das Zeichenbrett eines Konstrukteurs ersetzen. Diese Systeme basieren auf den obengenannten, objektorientierten Zeichenprogrammen und sind um einige Funktionen erweitert (vgl. Theuer 1989 S.1). So kennzeichnen gute CAD-Systeme eine Bibliothek mit Norm-Bauteilen, die Möglichkeit zur dreidimensionalen Darstellung, automatisierte Ansichten- und

Stücklistenerstellung, sowie einige Spezialfunktionen (so z.B. die automatisierten Layoutfunktionen für elektrotechnische Platinen (dem sogenannten Autorouting), bei den die bestmögliche Gestaltung aller Leiterbahnen berechnet und gezeichnet wird (Beispiel: Das System ORCAD)).

3.4.7 Scanningsysteme

Scanningsysteme sind Hardware- und Softwarekombinationen zur Erfassung von Bildvorlagen. Da die hardwareseitigen Aspekte dieser Systeme bereits in einem obigen Kapitel erläutert wurden, soll hier lediglich die Software angesprochen werden.

Wie durch die Arbeitstechnik der Scanner vorgegeben, arbeitet die Scannersoftware nur auf pixelorientierter Basis (vgl. Schanze 1989 S.2). Neben der Funktion der Scannersteuerung bietet diese Software zumeist einige Mal- und Bearbeitungsfunktionen, sowie die Möglichkeit, die eingescannten Vorlagen in verschiedenen Speicherungsformaten abzulegen (vgl. Sternberg 1988 S.50ff). Hinzu kommt bei einfachen Scannern eine Codeerfassungsfunktion für Barcodeverarbeitung. Für anspruchsvolle Vorlagen werden oft Transferfunktionen angeboten. Sie versuchen, die pixelorientierte Vorlage in objektorientierte Formate umzuwandeln. Hierbei treten aber erhebliche Verluste auf, da nur eine sehr grobe Aufteilung der Bildelemente möglich ist.

Die Umsetzung pixelorientierter Vorlagen in objektorientierte ist mit grundsätzlichen Problemen verbunden. Das System muß die Inhalte des Bildes "erkennen", d.h. aus der Punktesammlung heraus müssen die einzelnen Objekte ermittelt werden (vgl. Schanze 1989 S.2f). Was für den Menschen i.allg. sehr einfach ist, stellt für einen Computer ein schwer lösbares Problem dar. Ansätze, dieses zu lösen, kommen aus dem Gebiet der "künstlichen Intelligenz Forschung", das weiter unten angesprochen wird.

3.5 Datenbanken

3.5.1 Überblick

Für die Verarbeitung von Daten müssen diese i.allg. für einen mehr oder weniger langen Zeitraum abgelegt werden. Wenn jeder Benutzer für jedes Anwendungsprogramm seine Daten in eigenen Dateien ablegt, so bringt dies zwei Nachteile mit sich: Zum einen wird die Verwaltung der Dateien unübersichtlich und kompliziert, zum anderen werden Daten redundant vorliegen. Eine solche zentrale Datenquelle, die aus einem bestimmten, abgegrenzten Datengesamt (Datenbereich) mit kontrollierter Redundanz besteht, bezeichnet man als Datenbank (vgl. Martin 1988 S.33ff, Schneider 1986 S.135).

Die Verwendung von Datenbanken im Marketing besteht wie bei Graphiksystemen in einer Hilfsmittelfunktion zwischen Informationsgewinnung und Informationsaufbereitung. Im Gegensatz zum Bereich der Marktforschung kommen Marketingmanagementaktivitäten nur mittelbar mit Datenbanken in Kontakt.

3.5.2 Datenbanktechnik

Für die Behandlung von Daten und deren Organisation ergeben sich drei Sichtweisen auf die Daten (vgl. Martin 1988 S.73f, Schneider 1986 S.135): Die Sicht auf die

- physische Datenorganisation, die sich bei Betrachtung der physisch auf einem Datenträger abgelegten Daten zeigt,
- logische Datenorganisation, so wie sie durch das Datenbankmanagementsystem und den Datenverwalter vorgegeben wird und von der physischen abweichen kann und die Sicht auf die
- individuelle Nutzerdatenorganisation (konzeptionelle Datenorganisation), die nur einen Teilausschnitt der Gesamtdaten in Abhängigkeit der vom Benutzer verwendeten Anwendungssoftware zeigt.

Eines der grundlegenden Gestaltungskriterien einer Datenbank ist die Unabhängigkeit der Daten zwischen den einzelnen Sichtebenen. Dies zu erfüllen ist die Aufgabe des Datenbankmanagementsystems (DBMS) und die Wahl des Datenmodells. Das DBMS umfaßt alle Funktionen der Datenbeschreibung (Datenbeschreibungssprache), Datenmanipulation (Datenmanipulationssprache) und Datenabfragegestaltung (Query-Language) sowie verschiedene Dienstfunktionen (vgl. Brodie/Manola 1988 S. 10).

Das Datenmodell bestimmt die Struktur der Daten. Für jede Ebene (Sicht) kann innerhalb eines Datenbanksystems ein unterschiedliches Datenmodell angewendet werden, jedoch müssen diese aufeinander abgestimmt sein. Das physische Datenmodell richtet sich nach der hardwarebedingten Speicherungseffizienz, das logische Datenmodell richtet sich nach den Zwängen, die sich aus dem darzustellenden Datenbereich ergeben. Das konzeptionelle Datenmodell berücksichtigt die Vorgaben durch das Anwendungsprogramm.

Drei Haupttypen von Datenmodellen haben sich bis heute herausgebildet: Die hierachische Struktur, die Netzstruktur und, aus beiden entwickelt, das relationale Datenbankmodell (vgl. Martin 1988 S.85ff).

Das hierachische Modell ist durch eine Baumstruktur, bei der jedes Datenelement nicht mehr als ein übergeordnetes Datenobjekt besitzt. Datenelemente sind Datenobjekte, deren Eigenschaften oder Beziehungen zu anderen Datenobjekten. Es eignet sich für starre Datenbestände, die von wenigen, kaum unterschiedlichen Anwendungen genutzt werden.

Netzstrukturen eignen sich durch die Verkettung von Datenelementen (ein Datenelement kann mehrere übergeordnete und untergeordnete Elemente besitzen) besonders gut für gering strukturierte Datenbereiche, die vielfach erweitert werden müssen. Bekannte Beispiele für diese Modelle sind das IMS (hierachisch) und CODASYL (netzwerkbezogen).

Aus beiden Modellen wurde das relationale Datenbankmodell entwickelt. Die Daten werden so abgelegt, daß verschiedene Elemente nach unterschiedlichen Kriterien und unabhängig von ihrer Ausgangszuordnung aus dem Datenbereich gezogen werden können. Somit können unabhängige logische Verknüpfungen von Daten für verschiedene Anwendungen hergestellt werden. Das relationale Datenbankmodell ist heute das weitest verbreitete Modell, insbesondere für Standarddatenbanken, wie sie z.B. für den PC-Bereich von den Firmen Ashton Tate (DBASE), Oracle (Oracle) Borland (Paradox) oder Microsoft (R:Base) angeboten werden (vgl. Cordroch 1989 S. 32ff). Die relationale Datenbanksprache SQL (Structured Query Language) existiert für eine Vielzahl von Computersystemen und entwickelt sich in Richtung auf einen Standard für relationale Datenbanken.

3.5.3 Datenbankanwendungen

Datenbanken werden von der Anwenderseite her je nach Lage im oder außerhalb des Unternehmens in interne und externe Datenbanken unterteilt.

Interne Datenbanken sind nur für die Benutzer im Hause vorgesehen. Die Datenbank ist auf die speziellen Anforderungen des Unternehmens abgestimmt und somit nur unternehmensindividuell nutzbar. Interne Datenbanken sind in aller Regel Online-Datenbanken, d.h. auf sie kann direkt vom Benutzer aus zugegriffen werden (Gegenteil: Offline).

Externe Datenbanken haben die Zielsetzung, für möglichst viele Anwender adäquate Daten zur Verfügung zu stellen, da der Betriebszweck externer Datenbanken auf den Verkauf ihrer Datenbestände ausgerichtet ist. Während also Daten interner Banken eine Resource in einem Unternehmen darstellen, sind Daten externer Banken ein Handelsgut. Hier wird besonders deutlich, daß Information ein käuflicher Produktionsfaktor ist.

Externe Datenbanken sind nicht immer Online-Datenbanken. So existieren Datenbanken, die nicht direkt vom Benutzer aus zugänglich sind. Er kann seine Daten nicht im Dialog erhalten, sondern ist auf einen Informationsmittler angewiesen. Dies kann ein Datenbankmanager sein oder ein "Informationsbroker", der mit dem Zusammentragen von Informationen beauftragt werden kann. Aufgrund der zunehmenden Vernetzung, den steigenden Ansprüchen an die Zugänglichkeit zu Datenbeständen und den vereinfachten, softwareseitigen Zugriffssystemen geht jedoch der Anteil der Offline-Datenbanken zugunsten der externen Online-Datenbanken zurück (vgl. Becker 1988 S.22/23).

Externe Datenbanken lassen sich nach dem Charakter der angebotenen Daten in die folgenden Gruppen unterteilen (vgl. Zentes/Schröer 1984 S.63ff, Becker 1988 S. 24ff):

- Qualitative Datenbanken (Informationen in textlicher Form)
  - Textdatenbanken
    - Bibliographische (Referenz-)Datenbanken (Literaturverweise, Abstracts etc.)
    - Volltextdatenbanken (vollständige Texte)
  - textorientierte Faktendatenbanken (Angaben z.B. zu Patenten, juristischen Angaben etc.)
- Quantitative Datenbanken (Informationen in numerischer Form)
  - Faktendatenbanken (numerische Angaben)
  - Methodenbanken (diese sind bereits im Rahmen der Statistiksoftware (s.o.) behandelt worden)

3.5.4 Entwicklungsperspektiven

Sowohl für die Datenbanktechnik selbst als auch für die Bedeutung der Datenbanken ergeben sich verschiedene Entwicklungspotentiale, die nun erläutert werden.

Alle bisherigen Datenbankmodelle beinhalten einen erheblichen Nachteil: Es werden nur reine Daten verwaltet. Bilder, Symbole, Strukturen oder Sprache können nur indirekt über Zuordnungen zu Daten integriert werden (vgl. Menzi, Rhiner, Stucki 1989 S.1ff). Ein Modellansatz, der direkt auch andere Informationen als nur Daten verwalten kann, kommt mit den bisherigen Strukturen nicht mehr aus. Elemente aus der Künstlichen-Intelligenz-Forschung müssen aufgenommen werden. Dies betrifft insbesondere die Verbindung Datenbanken mit Expertensytemen (vgl. Brodie/Mylopolus 1986 S.87ff, Brodie /Manola 1988 S22f, Brodie 1988 S.623ff sowie als deutschsprachiger Beitrag: Reuter 1987 S.164ff). Die Entwicklungen auf diesem Gebiet lassen Datenbanken zu Informationsbanken werden, deren Anwendungsbereich weit über den heutigen Stand hinausgehen. Sie sind z.B. eine sehr geeignete Basis für interaktive elektronische Systeme (IES, s.o. Kapitel 3.4).

Die Entwicklung betrieblicher interner Datenbanken wird weniger durch die Datenbanktechnologie selbst gefördert als mehr durch die verbesserte Versorgung interner Datenbanken mit externen und internen Daten (aufgrund von z.B. Scannerkassen) sowie durch die Nachfrage nach genauen internen Daten für eine effizientere und schnellere Unternehmenssteuerung. Je mehr Aktivitäten in einem Unternehmen computergestützt durchgeführt werden, um so ist größer die Nachfrage nach Kapzitäten interner Datenbanken.

Für das Marketing sind interne Datenbanken in Form von Warenwirtschaftssystemen (WWS) besonders wichtig (einen der ersten grundlegenden Überblicke über die Funktion von WWS im Handel gibt Meyer (1981)). Als informationelle Basis im Handel wächst ihre Bedeutung in kommenden Jahren auch für die Marktforschung (Kopplung mit elektronischen Panels) und für operative und zunehmend auch strategische Marketingcontrollingzwecke.

Die weitere Verbesserung der weltweiten elektronischen Kommunikation läßt einen engen Verbund der existierenden externen Datenbanken zu und fördert die Spezialisierung der Datenbankanbieter. Dies kann auch den derzeitigen Rückstand der Bundesrepublik hinsichtlich des Angebots an Datenbanken reduzieren. Denn die Bundesrepublik ist im Vergleich zu den USA nur ein kleiner Anbieter: Weltweit gibt es heute etwa 3500 bis 3800 angebotene Datenbanken, von denen ca. zwei Drittel aus den USA und nur ca. 10% aus der Bundesrepublik stammen. Der größte Teil des weltweiten Datenbankangebotes (ca. 60%) entfällt auf Wirtschaftsdatenbanken (in der Bundesrepublik z.B. die Genios Datenbanken), deren Zahl jährlich um ca. 20% steigt (abgeleitet aus Habbel 1988 S.68, Schulte-Hillen 1988 S.45, Von Falkenhausen

1988 S.13, Becker 1988 S.23). Durch die Verbesserungen der öffentlichen Kommunikationsnetze durch die Post- und Telephongesellschaften (ISDN, Breitband) steigt die Attraktivität der Bundesrepublik sowohl für potentielle Anbieter als auch für Nachfrager, so daß ein rascher Anstieg der Datenbankenzahl zu erwarten ist.

4 Künstliche Intelligenz

4.1 Überblick

Das Wissenschaftsgebiet der Künstlichen-Intelligenz (KI) hat seine Wurzeln schon in den vierziger Jahren und ist somit wesentlich älter, als die heutige Diskussion vermuten läßt (vgl. Harmon/King 1987 S. 2). Die Bedeutung der KI in der Informatik wäre nicht erst in den letzten Jahren erheblich gestiegen, wenn nicht in den vierziger Jahren bei den grundlegenden Entwicklungsentscheidungen für die Computer die Weichen für eine rein numerische Datenverarbeitung gestellt worden wäre. Somit wurde mit der experimentellen KI-Forschung erst Ende der 50er Jahre begonnen, die dann auch langsamer als erwartet verlief. Heute ist die KI eines der wichtigsten Forschungsfelder in der Informatik, innerhalb dessen der Bereich "Expertensysteme" am weitesten hervorsteht (vgl. Winston 1987 S.2, Bobrow/Hayes 1985 S.375ff). Einen groben Überblick über die Entwicklung der KI gibt die Abbildung 17.

Was ist nun Künstliche Intelligenz? Winston (1984 S.1) und Rich (1988 S.1) folgend ist "Künstliche Intelligenz" die Forschung für Techniken, mit denen Maschinen Funktionen übernehmen, die bisher dem Menschen vorbehalten waren. Somit verbindet die KI Forschungserkenntnisse aus der Informatik, der Elektrotechnik, der Philosophie, der Psychologie und der Linguistik.

Die KI richtet sich in ihrer Forschung sowohl auf die Hard- als auch auf die Software. So wird neben der Software (die im folgenden erläutert wird) im Bereich der Hardware an Computersystemen gearbeitet, die unter der Klassifikation "5. Generation" von der rein numerischen Datenverarbeitung zur logischen übergehen und so die Generierung intelligenter Funktionen wesentlich besser ermöglichen als traditionelle Softwaresysteme (vgl. Taki 1989 S.1ff).

Das Forschungsgebiet der Neuroinformatik, in dessen Rahmen die oben vorgestellten Neuronalcomputersysteme entwickelt werden, schließt sich hier an die KI an. Die Nachempfindung der Informationsverarbeitungseigenschaften natürlicher Nervensysteme wurde und wird z.Zt. vorwiegend noch mittels Spezialsoftware auf herkömmlichen Computersystemen realisiert, doch sind heute schon hardwareseitige Implementierungen realisiert (vgl. Eckmiller 1989 S.3, Schacht 1989 S.130f). Die hardwareseitige Realisierung von Neuronalsystemen ist ein wesentlicher Schritt in der Forschung, der mit reinen softwareseitigen Simulationen auf traditionellen Computersystemen nicht erreicht werden kann. Anwendungen werden vorwiegend in der Muster-/Objekterkennung, der Spracherkennung und allgemeinen visuellen Systemen gesehen (vgl. o.V. 1988). Diese Forschung erlangt nach 15 Jahren der Expertensystem-Dominanz eine zunehmende Bedeutung innerhalb der KI (vgl. Lehmann 1988 S.315).

Periode	Wichtigste Ereignisse
Wurzeln vor dem 2. Weltkrieg	Formale Logik, Kognitive Psychologie
Die Nachkriegsjahre, 1945-54 Vor-KI	Entwicklung der Computer H. Simon, Administrative Behavior N. Wiener, Cybernetics A.M. Turing, "Computing Machinery and Intelligence" Macy-Konferenzen über Kybernetik
Die Gründungsjahre, 1955-60 Anfänge der KI-Forschung	Zunehmende Verfügbarkeit von Computern Information Processing Language I (IPL-I) Das Sommerseminar über KI in Dartmouth, 1956 General Problem Solver (GPS); Psychologie der Informationsverarbeitung
Jahre der Entwicklung und Neuorientierung, 1961-70 Suche nach allgemeinen Problemlösungen	A. Newell und H. Simon, Human Problem Solving LISP Heuristik "Satisficing" Robotik Schachprogramme DENDRAL (Stanford)
Jahre der Spezialisierung und des Erfolgs, 1971-80 Entdeckung wissensbasierter Systeme	MYCIN (Stanford) HEARSAY II (Carnegie-Mellon) MACSYMA (MIT) Knowledge Engineering EMYCIN (Stanford) GUIDON (Stanford) PROLOG Nobelpreis für Herbert Simon
Die Welle der Anwendungen, 1981- Internationaler Wettbewerb und kommerzieller Einsatz	PROSPECTOR (SRI) Das japanische Projekt der Fünften Generation E. Feigenbaum und P. McCorduck, The Fifth Generation In den USA: Microelectronics & Computer Technology Corp. (MCC) INTELLECT (A.I.C.) Verschiedene Gesellschaften und Einzelunternehmen gründen KI-Firmen

Abb. 17: Zeitliche Entwicklung der KI (vgl. Harmon/King 1987 S.4)

Die KI läßt sich in Anlehnung an Rich (1988 S.3) und Nebendahl (1987 S. 19) in die folgenden Problemgebiete unterteilen:

- Spiele,
- Theoremenbeweise,
- Wahrnehmung,
  - Sehvermögen,
  - Sprache,
- Verstehen,
  - naürlicher Sprache,
  - bildlicher Inhalte,
- Sprachsynthese,
- Lösen von Experten- und allgmeinen Problemen,
- Kognitionen/Wissensdarstellung,
- Lernen,
- Roboterisierung.

Von den sich hieraus ableitenden Teilgebieten der KI sollen im folgenden die Felder "Bilderkennung", "Sprachverarbeitung" und "Expertensysteme" näher besprochen werden.

4.2 Bilderkennung

4.2.1 Überblick und Durchführung

Im Rahmen der Bilderkennungsforschung wird versucht, den menschlichen, visuellen Wahrnehmungsprozeß computertechnisch nachzubilden. Die Probleme sind jedoch vielfältig. Wir wissen bis heute noch nicht, welche Vorgänge im menschlichen Gehirn es möglich machen, z.B. einen Ball zu fangen, obwohl eine kleines Kind dies "spielend" kann. Die schwache kognitive Kontrolle des Menschen über seinen bildlichen Informationserwerb erschwert die Erfassung und Nachbildung der Bilderkennung erheblich. Wie können Bilder erfaßt, wie können Objekte innerhalb dieser als konkrete Gegenstände erkannt und wie können sie zueinander in Beziehung gesetzt werden?

Die ersten Anfänge auf diesem Gebiet stammen aus der Mitte der 60er Jahre. Zu Anfang wurden nur einfache zweidimensionale Formen erfaßt, der heutige Stand geht schon weit darüber hinaus. Die Bilderkennungsforschung nutzt die Erkenntnisse der Neuropsychologie und der psychologischen Kognitionsforschung (vgl. u.a. Strube 1987, Winograd 1986, Heyer 1988). In diesem Zusammenhang ist David Marr (1976, 1980) zu nennen, der die psychologischen Ansätze für die KI übernahm und veränderte. Die Forschung bezieht sich auf drei Ebenen der Verarbeitung (vgl. Roberts 1965 S.159ff):

- sogn. low-level-processing (Erfassung einfacher Formbestandteile (Ecken und Kanten) zweidimensionaler oder dreidimensionaler Objekte),
- sogn. mediate-level-processing (Erfassung von freien Linien und Regionen, sowie Erkennung von Flächenorientierungen)
- sogn. high-level-processing (Objektinterpretation).

Alle Ebenen sind bis heute theoretisch bearbeitet worden und so existieren bereits Systeme als Prototypen oder sind teilweise im praktischen Einsatz. Die obige Untergliederung von Roberts orientiert sich an den Schritten des maschinellen Bilderkennungsprozesses (vgl. Turban 1988 S.331):

- Erfassen der Bildvorlage (Eine Bildvorlage muß zunächst per Scanner o.ä. erfaßt werden).
- Objektgenerierung (Im Rahmen der Objektgenerierung wird aus der Pixelsammlung der Bildvorlage eine Sammlung von einzeln zu betrachtenden Objekten gewonnen).
- Objektinterpretation (Sind die einzelnen Objekte ermittelt, so müssen inter-

pretiert werden, d.h. eine bestimmtes Objekt muß z.B. als Haus erkannt werden (high-level-processing (s.o.)).

Erfassen der Bildvorlage: Eine Bildvorlage muß zunächst erfaßt werden. Dies kann mittels Scanner (s.o.) oder Digitizer(s.o.) geschehen. Es entsteht eine pixelorientierte Vorlage. Die Erfassung einer Vorlage stellt heute selbst für hohe Qualitätsansprüche kein technisches Problem mehr dar.

Objektgenerierung: Im Rahmen der Objektgenerierung wird aus der Pixelsammlung der Bildvorlage eine Sammlung von einzeln zu betrachtenden Objekten gewonnen. In einem ersten Teilschritt werden nur einfache Objekte ermittelt, in einem zweiten Schritt werden Objekte höherer Ordnung aus den vorher generierten zusammengesetzt (vgl. Rich 1988 S.380).

Die Hauptprobleme im Rahmen des ersten Teilschrittes sind die Komplexität der zu findenden Objekte und deren Trennung bei kontrastarmen Vorlagen. Die einzelnen Objekte sind oft sehr unförmig und eine große Zahl von Graustufen gibt erhebliche Diskriminanzprobleme auf. Der zweite Teilschritt ist durch das Problem der Erkennung der Lage des einzelnen Objektes im Bild gekennzeichnet, was besonders für dreidimensionale Darstellungen aufwendig ist. Eine schräge Linie z.B. kann bei 3-D Darstellung nicht sofort und eindeutig in ihrer Lage erkannt werden. Dies kann nur im Zusammenhang mit anderen Bestandteilen der Vorlage geschehen. So müssen bei der Bearbeitung eines Objektes vorläufige Annahmen über die Lage eines oder mehrerer Teilobjekte gemacht werden (z.B. Grenzlinie mit Innenfläche rechts, aus dem Bild herausgehend). Im späteren Verlauf muß sich zeigen, ob die Annahmen zu einem sinvollen Objekt führen. Falls dies nicht der Fall ist, muß mit Alternativannahmen wieder begonnen werden (vgl. Walz 1975 S.20f).

Die Forschungs auf diesem Gebiet begann mit der theoretischen Bearbeitung von low-level-Problemen bei zweidimensionaler Darstellung. Es entwickelten sich eine Reihe von Modellerkennungsalgorithmen (vgl. Walz 1975 S.19ff, Falk 1972ff, Guzman 1968). Erste laufende und anspruchsvollere Systeme entstanden in den siebziger Jahren. In den letzten Jahren wurden dreidimensionale Vorlagendarstellungen in diese Algorithmen integriert. Für die Lösung der Probleme des mediate-level-processing (s.o.) vollzog sich eine ähnliche Entwicklung, jedoch mit einer Verzögerung von etwa fünf Jahren.

Objekterkennung/-interpretation: Sind die einzelnen Objekte ermittelt, so müssen sie interpretiert werden, d.h. ein bestimmtes Objekt muß z.B. als Haus erkannt werden (high-level-processing (s.o.)).

Für zweidimensionale Darstellungen ist diese Schritt recht einfach mittels Überlagerungstechniken durchführbar. Diese Methode wird im militärischen Bereich für die Freund/Feind-Erkennung herangezogen. Hierbei werden über das betreffende Vorlage (ein auf dem Radar befindliches Flugzeug) solange in einer Datenbank gespeicherte Muster gelegt, bis eine markante Ähnlichkeit zwischen Muster und Vorlage erkannt wird. Diese Methode ist zwar für einfache 2-D-Vorlagen ausreichend, für kompliziertere und dreidimensionale Vorlagen sind hingegen komplizierten Algorithmen zu verwenden. Diese stellen auf den Vergleich der Objekteigenschaften mit denen des vermuteten Objektes ab (vgl. Grimson 1987 S.267).

4.2.2 Anwendung und Stand der Technik

Dem Prozeß der maschinellen Objekterkennung stellen sich erhebliche Probleme entgegen, die bis heute Systeme für den allgemeinen Einsatz verhinderten.

Die Technik der Bilderfassung ist zwar bereits sehr ausgereift, Bilder können mit hoher Genauigkeit (hohe Auflösung und viele Farben) erfaßt werden. Der Objektgenerierung stellen sich jedoch zwei Hindernisse entgegen: Zum einen ist es schwierig, Strukturen in Vorlagen mit eng gestaffelten Farb- oder Graustufen zu ermitteln, zum anderen steigt der Berechnungsaufwand mit komplizierteren Vorlagen (insbesondere für 3-D-Darstellungen) extrem an. Für die Objektinterpretation gilt dies ebenso.

Für alle Ebenen gibt es heute zu verschiedenen Aufgaben Prototypen, die zum Teil auch in der Praxis eingesetzt werden. Zu den Aufgaben, für die in kommender Zeit eine verbreitete praktische Anwendung gesehen wird, zählen u.a. Bildrekonstruktion, Ermittlung von gekrümmten Flächen, Ecken und Kurvenermittlung, Stereo-Bilderkennung, Bewegtbilderkennung sowie High-level-processing von 2-D-Vorlagen. Das Feld der Schriftenerkennung ist von allen Anwendungen am weitesten in die tägliche Praxis vorgedrungen. Ebenso sind in heutigen Graphiksystemen Funktionen verfügbar, die Pixelvorlagen in einfache Objekte wandeln. In beiden Fällen handelt es sich aber lediglich um einfaches Low-level-processing und, wie erste Versuche mit diesen Systemen am FG Marketing der TU Berlin zeigten, ist die Zuverlässigkeit im routinemäßigen Gebrauch noch sehr gering.

Die heutigen Grenzen zur Lösung der genannten Probleme werden durch die hierfür immer noch zu geringe Rechnerleistung gesetzt. Zwar ist die Theorie zur Bilderkennung die wohl am weitesten entwickelte unter allen Teilgebieten der Künstlichen Intelligenz, doch ist zu keiner ihrer Aufgaben ein perfekter Algorithmus verfügbar.

Neben diesen Anwendungen gibt es noch eine Reihe weniger bedeutender Anwendungen. Dem interessierten Leser seien hierfür die Konferenzberichte der

IEEE (Institute of Electrical and Electronic Engineers) sowie Brady empfohlen (für weiter Darlegungen vgl. Kasten /Steffens 1990 S.196f, Schanze 1989 S.4, Brady 1987 S.201ff).

Für den Marketingbereich sind bis heute keine in der Praxis realisierten Anwendungen bekannt. In Anbetracht der heutigen Grenzen sind jedoch Anwendungen im Marketing möglich, die aber bisher noch nicht realisiert wurden:

- Eine Anwendung sind automatisierte Point-of-Sale-Systeme, die über die heutigen Scannerautomaten hinausgehen. Solche Systeme sind zur Zeit jedoch nur für ein sehr kleines Produktionsprogramm mit äußerlich sehr heterogenen Produkten zuverlässig einsetzbar. Für große Produktprogramme mit gleichartigen Artikeln sind die derzeitigen Möglichkeiten nicht ausreichend.
- Im Rahmen von Befragungen können intelligente Erkennungssysteme erhebliche Auswertungsarbeit ersparen. Der Fragebogen kann mit wesentlich weniger Restriktionen gestaltet werden, als es bei den heutigen Lesesystemen der Fall ist. So können freier Text und einfache Zeichnungen als Antworten erkannt und verarbeitet werden. In einfachen Fällen handelt es sich bei diesen Systemen um spezifische Varianten der Schriftenerkennung.
- Im Rahmen der Werbemittelgestaltung können handgezeichnete Layouts von intelligenten Bilderkennungssystemen in "saubere" Graphiken umgesetzt und in Datenbanken abgelegt werden. Will man nicht zu lange Rechenzeiten in Kauf nehmen, müssen jedoch die Vorlagen recht sauber gezeichnete, einfache 2-D-Darstellungen sein.

Für die Zukunft sind eine Reihe von technischen Entwicklungen zu erwarten, die die Möglichkeiten der computerisierten Bilderkennung erheblich verbessern können.

So verspricht man sich viel von der Entwicklung hardwareseitig realisierten Neuronalcomputer, die dem Aufbau des menschlichen Gehirns nachempfunden sind. Ihre Struktur kommt dem computerisierten Bilderkennungsprozeß sehr entgegen und ermöglicht wesentlich höhere Verarbeitungsgeschwindigkeiten als heute.

Erhebliche Geschwindigkeitserhöhungen, als das hervorstehende Ziel in der weiteren Forschung, kann jedoch nicht allein durch die Hardware erreicht werden. Wesentlich effektiver sind Weiterentwicklungen in den Algorithmen der Verarbeitungssoftware. Die Entwicklung der Theorie wird jedoch hauptsächlich von den weiteren Erkenntnissen über das Vorbild, den menschlichen Wahrnehmungsprozeß, bestimmt und hier sind Fortschritte nur wesentlich langsamer als in der Hardwaretechnik erreichbar.

Die Möglichkeit der direkten Bildverarbeitung wird in den kommenden Jahren auch die Datenbanktheorie erweiteren. Der Trend zur Visualisierung von Informationen wird neue Strukturen der Datenverwaltung verlangen. Das Paradigma der relationalen Datenbank wird in absehbarer Zeit beseitigt und durch Systeme mit intelligenter Datenverwaltung ersetzt werden müssen (vgl. hierzu die Verbindung in Kapitel 3.5 Datenbanken).

Unter der Annahme einer zukünftig wesentlich erhöhten Verarbeitungsgeschwindigkeit und der automatisiert Verarbeitung anspruchsvolle Aufgaben Vorlagen, zeigen sich die folgenden, weiteren Anwendungsmöglichkeiten im Marketing:

- In der physischen Distribution können Bilderkennungssysteme für die Beladungssteuerung von LKWs und Waggons Anwendung finden.
- Die oben genannten Point-of-Sale-Systeme können bei weiterer Verbesserung vollständig automatisierte Abrechnungsvorgänge z.B. in Einkaufsmärkten ermöglichen. Die Waren werden vom Kunden lediglich auf ein Förderband gelegt, die Beträge dann vom System ermittelt und abgerechnet.
- Im Rahmen der Werbemittelgestaltung ist die vollautomatisierte Überprüfung von Layouts mittels Expertensystemen eine weitere technische Anwendung im Marketing. Hier lassen sich vier weitere Technologien mit der Bilderkennung verbinden: Das Layout kann mittels eines Desktop Publishers erstellt oder ein handgezeichnetes Bild mit einem Scanner eingelesen werden. Es wird sofortig in eine Datenbank übernommen und vom Bilderkennungssystem interpretiert. Ein angekoppeltes Expertensystem unterzieht die Ergebnisse der Prüfung anhand von Gestaltungsregeln und schlägt eventuell Verbesserungen vor. Diese können dann als fertige Teillayouts aus der Datenbank geholt oder neu erstellt werden. Ein erster Ansatz hierzu, der jedoch nur auf das Expertensystem ausgerichtet ist, wurde am Institut für Konsum- und Verhaltensforschung in Saarbrücken (Professor Dr. Werner Kroeber-Riel) entwickelt (vgl. Esch/Muffler 1989).
- Verhaltensaufzeichnung: Es wird zunehmend versucht, auf klassische, reaktive Verfahren, wie z.B. Programmanalysatoren, zu verzichten, um dem Ziel einer unverfälschten Nachbildung der Realität im Labortest näher zu kommen. So auch mittels der Blickaufzeichnung. Zwar gibt es heute schon sehr gute Aufzeichnungsverfahren, doch sind diese häufig für die Testperson unbequem (z.B. aufzusetzende Brille) (vgl. Von Keitz 1986) und noch nicht einwandfrei gültig (vgl. Leven 1988). Kamerageführte Blickaufzeichnungssysteme können hier erhebliche Verbesserungen bringen. Die Reaktionen (Sakkaden, Fixationen) können entfernt von der Testperson betrachtet werden, ohne daß jene hiervon Kenntnis nehmen muß. Ebenso ist die direkte Erfassung und Verarbeitung einer wesentlich größeren Menge von Informationen (Mimik und motorischem Verhalten während eines Versuches) möglich als mit traditionellen Systemen. So ist auch eine direkte Testverlaufsteuerung denkbar.

- Im Rahmen der Werbemittel- und Produktgestaltung/-design können Systeme, die Bilderkennungs- und Expertensysteme integrieren, verschiedene Vorlagen bzgl. ihrer Eigenschaften vollautomatisch vergleichen und bewerten.

Die weiteren Fortschritte auf diesem Gebiet sind wesentlich langsamer als erhofft. Zusamenfassend ist jedoch festzustellen, daß sich bei der Bilderkennung die Überlegenheit des Menschen über die Maschine so offensichtlich zeigt, wie auf keinem anderen Gebiet der KI.

4.3 Sprachverarbeitung

4.3.1 Überblick

Das Gebiet der Sprachverarbeitung kann in zwei Teile unterschieden werden, in die Erkennung natürlicher Sprache und die Spracherzeugung (Sprachsynthese).

Beide Technologien werden zusammen in Sprachdialogsystemen verwendet, die in einfacher Form heute schon realisiert sind. Anwendungen dieser Systeme findet man vorwiegend im Telekommunikationsbereich (z.B. Telephonauskunftsysteme) und in Unterstützungsystemen für Behinderte. Typische Anwendungen sind Kommunikationsschnittstellen zu Datenbanken und Expertensystemen sowie für Texterkennung, -erzeugung und maschinelle Übersetzungen (vgl. Marzi 1988 S.121, Guethner /Lehmann 1986 S.169f). Im betrieblichen Bereich stellt die Büroautomatisierung und Logistik ein erhebliches Anwendungspotential für Sprachverarbeitungssysteme dar (vgl. Müller 1988 S.173, Tietz 1987 S.1037).

4.3.2 Spracherzeugung

Die Problematik der Spracherzeugung kann heute als technisch gelöst gelten. Zwei grundlegende Wege können dabei beschritten werden: Die Erzeugung von Sprache aus vorgesprochenen Silben, Wörtern oder ganzen Sätzen wird als halbsynthetische Verfahrensweise bezeichnet, die völlig neue Generierung aufgrund eines Regelwerkes als vollsynthetische (vgl. Tietz 1987 S.209f). Letzteres ist ein sehr rechenintensives Verfahren, was dessen Verbreitung z.Zt. noch gering hält. Die halbsynthetische Spracherzeugung hingegen ist sehr speicherintensiv, was jedoch durch besondere Methoden, die hier nicht weiter interessieren sollen, in Grenzen gehalten werden kann (vgl. Hess 1988 S.64). So ist dieses Verfahren auch weiter verbreitet, verliert aber in Anbetracht der steigenden Computerleistungen und der geringeren Flexibilität gegenüber der Vollsynthese an Bedeutung. Die Anwendung von Sprachausgabesystemen im Marketing liegt in Befragungscomputern, Auskuftssystemen und in der Verbindung mit Spracheingabesystemen (vgl. u.a. Scharlach 1988 S.223ff).

4.3.3 Sprachverstehen

Spracheingabesysteme gestalten sich wesentlich schwieriger. Hier treten ähnliche Problemstellungen auf, wie sie bei der Bilderkennung beschrieben wurden. Sie können wie folgt zusammengefaßt werden (in Anlehnung an Rich (1988 S.319ff) Marzi (1988 S.121ff) und Guethner/Lehmann (1986 S.162ff), Zue (1987 S.191ff)):

- Problem der Erkennung des gesprochenen Wortes als definiertes Objekt
- Problem der Trennung einzelner Sprachsequenzbestandteile (z.B. Worte, Silben)
- Problem der syntaktischen Analyse
- Problem der semantischen Analyse
- Problem der pragmatischen Analyse

Orientiert an diesen Problemstellungen lassen sich folgende Ebenen von Anwendungen mit steigendem Komplexitätsgrad unterscheiden:

EBENE 1: Vergleich eines vorgegebenen, gesprochenen Satzes mittels Überlagerung mit dem im Computer abgespeicherten Pendant. Diese Systeme sind z.B. als elektronische Pförtner verwendbar (vgl. Weber 1988 S.179). Ihre Realisierung ist vergleichsweise unproblematisch.

EBENE 2: Erfassen von frei gesprochenen, einzelnen Worten. Die so gewonnenen Texte können im Computer weiterverarbeitet werden. Dabei wird zwar ebenso die Überlagerungstechnik verwendet, jedoch wird versucht, jedes einzelne Wort zu erfassen (vgl. Marzi 1988 S.122).

Diese Systeme sind in Form von sprachgesteuerten Schreibmaschinen realisiert, die aber noch keine befriedigenden Ergebnisse zeigen. Der weitere Anwendungsbereich im Marketing findet sich in sehr einfachen Befragungssystemen und Systemen für Bestellvorgängen oder einfachen Auskunftsdialogen. Da hier aber keine inhaltliche Analyse durchgeführt wird, die Aussage nicht erfaßt wird, sind diese Systeme auf einfache Befehle (Ja/Nein) beschränkt (vgl. Avad u.a. 1988 S.219f).

Hauptproblem auf dieser Stufe ist die Verschiedenartigkeit der Aussprache, die vom Benutzer abhängig ist (sogenannte sprecherabhängige Systeme). Diesem Problem kann durch eine vorherige Kalibrierung, bei dem der jeweilige Benutzer zuerst eine gewisse Zahl von Worten zur Anpassung vorwegschickt, entgegengewirkt werden. Die Anforderungen an eine klare Aussprache bleiben aber dennoch sehr hoch (vgl. Finemann 1987 S.818, Becker/Ming/Wang 1988 S.195).

EBENE 3: Aufgaben, bei denen eine syntaktische Analyse durchgeführt wird, können gesprochene Sätze auf grundlegende grammatikalische Fehler hin überprüfen, sind aber ebenso wie die vorher genannte Aufgabengruppe nicht in der Lage, den Inhalt zu erfassen. Zusätzliche Probleme entstehen in der Abbildung und Nutzung der zugrunde liegenden Grammatik (vgl. Marzi 1988 S.124). Auch für diese Ebene sind Systeme entwickelt worden, jedoch nur für einfache Anwendungen. Der Anwendungsbereich dieser Systeme ist denen der vorherigen Aufgabenstufe gleich.

EBENE 4: In Aufgaben, für die auch eine semantische Analyse notwendig ist, wird der gesprochene Satz in seinem Aufbau und der grundlegenden Aussage erfaßt. Den bei der syntaktischen Analyse gewonnenen Satzstrukturen (s.o.) werden Bedeutungen zugeordnet. So können einfache Aussagen auf ihre Richtigkeit überprüft werden. Die Aussage "Autos schlafen in der Garage" müßte ein solches System als falsch erkennen können. Für diese Aufgabenstellung existieren bereits theoretische Algorithmen, jedoch sind realisierte Prototypen bisher nur unter erheblichen Einschränkungen zufriedenstellend nutzbar (vgl. Tietz 1987 S.207). Der Anwendungsbereich ist hier in etwas anspruchvolleren Befragungs- und Auskunftssystemen zu sehen.

EBENE 5: Soll die konkrete Aussage des eingegebenen Satzes interpretiert, also der Inhalt verstanden werden, so spricht man von pragmatischer Analyse. Die Frage nach dem Preis eines Produkts muß das System beantworten können. Die Theorie ist auf diesem Gebiet noch sehr weit zurück (vgl Guetner/Lehmann 1986 S.164). Systeme dieser Art wären für Auskunfts- und Bestellsysteme ideal geeignet. Verbindet man diese Ebene noch mit der Anforderung, frei gesprochene Sätze verstehen zu können, so ist es zweifelhaft, ob Systeme auf dieser Basis in absehbarer Zeit überhaupt realisiert werden können.

EBENE 6: Die höchste Stufe der Anforderungen kann in dem Erkennen frei gesprochener Monologe. Dieser Aufgabe stehen jedoch so große Probleme entgegen, daß allgemein nutzbare Systeme in absehbarer Zeit nicht entwickelt werden können (vgl. Zue 1987 S.195). Die freie Konversation mit einem Computer ist vorerst nicht zu erwarten.

4.4 Expertensysteme

4.4.1 Definition und Charakteristiken

Die Expertensystemforschung ist der wichtigste Forschungsbereich innerhalb der KI und hat bisher die meisten Anwendungen in der Praxis erbracht. Unter Expertensystemen (XPS) kann man beratende Programme verstehen, die versuchen, Wissen und Entscheidungsprozesse von Experten bei der Lösung spezieller Probleme nachzubilden (vgl. Turban 1988 S.321). Das Ziel heutiger Expertensysteme ist es jedoch nicht, den Experten insgesamt zu ersetzen. Vielmehr sollen Experten von Routinearbeiten entlastet werden und einfache Problemlösungen für Nichtexperten verständlich hergeleitet und begründet werden.

Expertensysteme unterscheiden sich von konventionellen Programmen durch ihre Ausrichtung auf Objekte und logische Prozesse, während konventionelle Systeme auf numerische Prozesse ausgerichtet sind. Während letztere ausschließlich mittels Algorithmen auf Daten zugreifen, trennen Expertensysteme in eine bereichsunabhängige Problemlösungsstrategie und bereichabhängiges Expertenwissen (vgl. Puppe 1988 S.3, 1986 S.1/2). Wissen grenzt sich für die Anwendung im Rahmen der KI von Daten durch die zugehörige Verbindung mit einer von Computern interpretierbaren Anleitung über die Verwendung ab (eine nähere Betrachtung wird weiter unten vorgenommen). Das Wissen eines Expertensystems ist je nach Abbildung der Realität meist unsicher und nicht vollständig (vgl. Puppe 1988 S.4).

Expertensysteme versuchen menschliches Problemlöseverhalten zu simulieren, das häufig (bei sogenannten regelbasierten Systemen) auf der Anwendung von Heuristiken basiert. Im Gegensatz zum Menschen verhält sich ein XPS jedoch meist deterministisch. Das liegt in erster Linie am deterministischen Charakter heutiger Rechnerarchitekturen. Die Qualität eines Expertensystems wäre aber nicht beeinträchtigt, würde es genau wie ein menschlicher Experte nichtdeterministisches Verhalten zeigen. Ein Beispiel soll dies verdeutlichen: Lassen Sie eine komplizierte mathematische Formel von einem Computer für vorgegebene Werte berechnen und Sie glauben dem Ergebnis nicht, so können sie es selbst von Hand überprüfen. Ergibt sich eine Differenz, so liegt im Computerprogramm ein Fehler vor. Kommen Sie jedoch bzgl. einer Entscheidung zu einem anderen Ergebnis als ein Expertensystem oder kommt letzteres zu unterschiedlichen Zeitpunkten zu verschiedenen Ergebnissen, ist dies allein kein Beweis für einen Fehler im System. Hierfür muß der Weg betrachtet werden, auf dem das System zu seiner Entscheidung gelang, denn dieser kann je nach Fall unterschiedlich, aber vertretbar sein.

Der grundlegende Programmierstil für XPS ist objekt- und regelorientiert, während herkömmliche Syteme eher anweisungsorientiert programmiert wurden. Dies bedeutet jedoch nicht, daß Expertensysteme nur mit speziell hierfür konzipierten Programmiersprachen erstellt werden können. Jedoch ist die Verwendung KI-spezifischer Sprachen etwas leichter als die traditionellen, da die obengenannte Trennung in Wissensbasis und Problemlösungsstrategie einfacher durchgeführt werden kann. Hier zeigt sich auch, daß XPS sowohl im Hinblick auf die Problembearbeitung als auch auf die Erweiterbarkeit und Änderungsfähigkeit wesentlich flexibler als konventionelle Systeme sind (vgl. Miller 1987 S.6).

Zusammenfassend sollen zur Beschreibung die folgenden Eigenschaften von Expertensystemen aufgestellt werden, anhand derer ein XPS abgegrenzt werden kann (in Anlehnung an Puppe (1988 S.4/5, S.123f) und Schnupp/Leibrandt (1986, S.14) sowie Brachman et.al. (1983 S.41f)):

Nichtdeterministisch	Der Lösungsweg des Systems ist nicht sicher vorhersehbar.
Transparenz	XPS können ihren Lösungsweg rückwirkend darlegen.
Flexibilität	Veränderungen des Wissensbestandes können leicht durchgeführt werden.
Kompetenz	XPS sind zwar auf einen eingegrenzten Anwendungsbereich beschränkt, besitzen hier aber eine sehr hohe Problemlösungsfähigkeit.
Benutzerfreundlichkeit	Die Benutzung eines Expertensystems sollte weder für den Endnutzer, noch für den Experten mit Vorkenntnissen verbunden sein.
Lernfähigkeit	Expertensysteme sollten die Möglichkeit bieten, über die Interaktion mit dem Benutzer und dem Feedback auf die Ergebnisse, den Wissensbestand zu verändern. Diese Eigenschaft ist jedoch für die Bestimmung als XPS nicht zwingend.

4.4.2 Abgrenzung zu anderen KI-Systemen

Von dem Begriff Expertensystem sind wissensbasierte Systeme (engl. Knowledge Based Systems, = KBS) abzugrenzen. KBS besitzen zwar die Grundstruktur von Expertensystemen und deren Eigenschaften, beinhalten jedoch auch Wissen von Nichtexperten. Insofern ist ein Expertensytem als ein Spezialfall der wissens-basierten Systeme anzusehen.

Expertensysteme sind auch von sogn. XPS-Shells zu unterscheiden. Letztere sind Systeme, die alle für ein Expertensystem notwendigen Funktionen und Elemente zur Verfügung stellen, jedoch nicht das für einen Anwendungsbereich notwendige Wissen beinhalten. Sie kommen einer Schale gleich, die für eine bestimmte Anwendung mit dem dazugehörigen Wissen "gefüllt" werden muß, um ein Expertensystem zu ergeben.

4.4.3 Abgrenzung zu anderen computerbasierten Informationssystemen

Expertensysteme gehören zu den computerbasierten Informationssystemen, die von zwei Seiten her strukturierbar sind. So kann in Anlehnung an Zentes (1987a S.178ff) von der Verwendungsseite her in:

- Berichtssysteme (Systeme, die lediglich Berichte über bestimmte Sachverhalte in festen oder flexiblen zeitlichen Abständen oder im Falle besonderer Umstände (Ausnahmesysteme) herausgeben),
- Abfrage- und Auskunftssysteme (Systeme, die auf Datenbanken aufgesetzt werden um den komfortablen Zugang zu den Daten zu ermöglichen),
- Auswertungsysteme (Systeme, die die Daten weiter aufbereiten. Als automatische Systeme sind die gängigen Statistikpakete, wie z.B. SAS, SPSS etc. zu nennen, dialogorientierte und interaktive Systeme sind die unten näher erklärten Management Support Systeme) und
- Entscheidungsunterstützungsysteme

unterschieden werden. Die Abbildung 18 zeigt hierzu eine Übersicht.

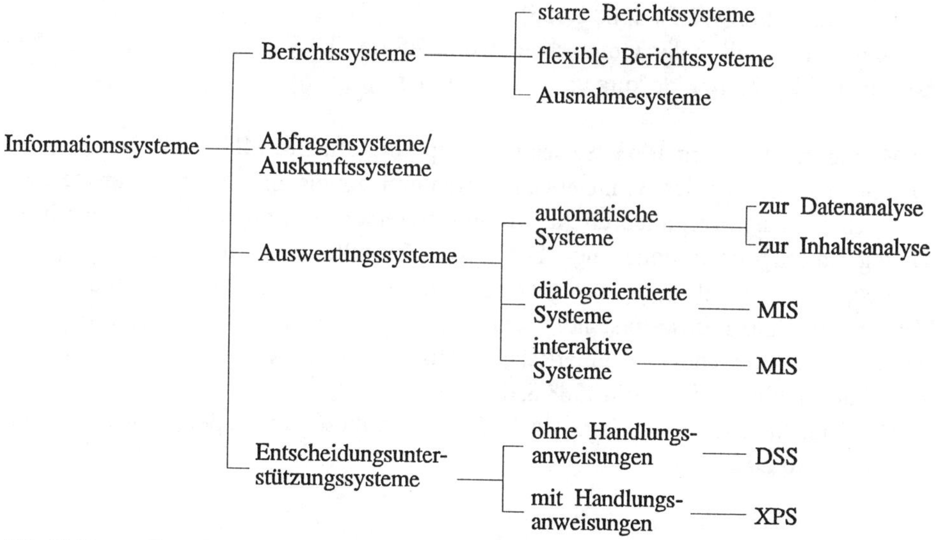

Abb. 18: Unterteilung der Informationssysteme nach deren Nutzung

Von der informationstechnischen Seite her, die sich am Niveau der Aufgabenstellung orientiert, kann die folgende Unterteilung in vier Typenklassen vorgenommen werden (vgl. Turban 1988 S. 8):

- einfache Datenauswertungssysteme	vollkommen strukturierte Problemstellungen
- Management Information Systems (MIS)	vollkommen strukturierte Problemstellungen
- Decision Support Systems (DSS)	halbstrukturierte Problemstellungen
- Expertensysteme (XPS)	unstrukturierte Problemstellungen

(Erläuterung: Der Strukturierungsgrad wird daran gemessen, in welchem Umfange Vorgaben für die Größen Daten, Prozeduren, Ziele, Contraints und Problemlösungsstrategien existieren. Hieraus abgeleitet bedeutet die Bezeichnung "halbstrukturiert", daß Vorgaben zu einigen Größen erst erarbeitet werden müssen, "unstrukturiert" bedeutet, daß alle und "vollkommen strukturiert", daß keine Vorgaben erarbeitet werden müssen.)

Die Zuordnung zu den Verwendungsgruppen ist auch aus Abb. 21 ersichtlich. Die einzelnen Typen sind zeitlich nacheinander entstanden, d.h. in den 50er Jahren wurden die ersten Datenauswertungssysteme, in den 60er Jahren die ersten MIS realisiert. Anfang der 80er Jahre wurden die ersten DSS eingesetzt, deren theoretischer Ursprung aber schon in den 70er Jahren lag. Die Theorie der Expertensysteme geht zwar bis in die 60er Jahre zurück, größere Bedeutung erlangen sie aber erst heute (vgl. Er 1988 S.355).

Zum Herausstellen der Unterschiede von MIS und DSS gegenüber den Expertensystemen sollen hier beide kurz vorgestellt werden:

Management Information Systems: Computergestützte MIS sind Systeme, die Daten nach Vorgabe des Benutzers auswerten und zumeist graphisch aufbereiten. Sie unterscheiden sich von anderen Auswertungssystemen (vgl. oben Abb. 18) durch die Dialog-/Interaktionsorientierung. Die Aufgabenstellungen, die mit MIS gelöst werden, sind hinsichtlich der dazugehörigen Daten, den Bearbeitungsprozeduren, den Zielen und Constraints vollständig strukturiert. Die Funktionen des MIS bestehen zumeist aus einfachen arithmetischen/statistischen Auswertungen (vgl. Scheer/ Brombacher 1985 S.3f, Turbin 1988 S.18).

Die folgenden Eigenschaften von MIS grenzen diese von Expertensystemen und, zum Teil, von DSS ab:

- Deterministische, numerische Basis.
- Auswertung und Aufbereitung von Daten zu strukturierten Problemstellungen.
- Interaktiv, dialogorientiert.
- Sie ersetzen nicht, sondern unterstützen menschliche Entscheidungsprozesse.
- Sie beabsichtigen nicht, den Effekt der Entscheidung, wohl aber die Effizienz des Entscheidungsprozesses zu verbessern.

MIS, im Rahmen eines "Global Systems Approach" für Gesamtsysteme (gesamte Unternehmen oder Aufgabenfelder) in den 70er Jahren konzipiert, scheiterten an der Überfrachtung der Systeme und an den begrenzten computertechnischen Möglichkeiten (vgl. Er 1988 S.355). Neuere Systeme konzentrieren sich daher auf begrenzte Aufgabenfelder, wobei sie oft Elemente von DSS integrieren.

Die Einsatzfelder von MIS im Marketing(-management) sind vielfältig. Ein Schwerpunkt liegt in der Reporterstellung über Marktdaten. Aufgrund der Nähe zu den verwendeten Daten und den Einzelaufgabenstellungen sind MIS zumeist unternehmens- oder bereichspezifisch konzipiert. Vielfach sind MIS aus individuell aufbereiteten Statistiksystemen und Spreadsheets entstanden. Der Anteil allgemeiner Systeme ist im Vergleich zu denen der DSS oder XPS gering.

Decision Support Systems: Das erste Konzept der DSS stammt von Michael Scott-Morton Anfang der 70er Jahre (vgl. Keen/Scott-Morton 1978). DSS sind Systeme, die auf der Basis konventioneller Datenverarbeitungstechnik den Entscheidungsprozeß unterstützen (vgl. Turban 1988 S. 8). Eine einheitliche Definition gibt es jedoch nicht. Die einem DSS vorgegebene Problemstellung ist hinsichtlich der Problemlösungsstrategie nicht strukturiert. Sie ist von den Vorgaben des Benutzers während des Bearbeitungsprozesses festzulegen. Eine typische Aufgabenstellung, die ein DSS beantworten könnte, ist z.B.: "Wie entwickelt sich der Umsatz, wenn der Preis um 10% gesenkt und die Werbeaufwendungen insgesamt um 10% erhöht werden". Ein DSS besteht neben einer Dialogkomponente aus einer Methoden- und Modellbank, einer Datenverwaltung und der Aufbereitungskomponente. Fünf Eigenschaften charakterisieren DSS (vgl. Turban 1988 S.8), die sie gleichzeitig von XPS (und MIS) unterscheiden:

- Determinstische, numerische Basis.
- Verbindung von Daten und Modell.
- Sie sind für die Unterstützung eines Entscheidungsträgers bei teilweise nicht strukturierten Problemen vorgesehen.
- Sie ersetzen nicht, sondern unterstützen menschliche Entscheidungen.
- Sie beabsichtigen nicht, die Effizienz des Entscheidungsprozesses, wohl aber den Effekt der Entscheidung zu verbessern.

Es zeigt sich hier, daß auf der technischen Seite der Schritt vom DSS zum XPS wesentlich größer als vom MIS zum DSS ist, da es sich um einen Wechsel in die "Welt der KI" handelt. Auf der Anwendungseite hingegen ist es umgekehrt. Der Schritt von der reinen Auswertung zur planmäßigen Entscheidungunterstützung ist größer anzusehen, als der Schritt zur Vorgabe von Handlungshinweisen.

DSS sind für sehr viele verschiedene Aufgaben im Marketingmanagement einsetzbar, wenn heute im Praxiseinsatz auch ein Schwerpunkt bei der Portfolioanalyse liegt. Die Decision Calculus Systeme, von Little und Lodish entwickelt und auf EXPRESS implementiert (vgl. Little 1970 und 1979, Lodish 1971), sind die im Marketing bekanntesten DSS, wenn auch ihre Konzeption mehr in Richtung auf MIS geht. Heute sind anspruchsvollere Modelle auf der Basis von Spreadsheets auch als DSS anzusehen (z.B. Anwendungen auf der Basis von "Compete!" der Fa. ManageWare, USA).

Die Abbildung 19 faßt die obigen Vergleiche Datenauswertung-MIS-DSS-XPS zusammen.

4.4.4 Architektur und Methodik der Expertensysteme

Die Architektur eines Expertensystems zeigt fünf Module, die in der Abbildung 20 skizziert sind. Sie sollen nun im einzelnen erläutert werden.

Die Wissensbasis: Das Reservoir in dem das verwendete Expertenwissen abgelegt ist, wird als Wissensbasis bezeichnet. Dieses Wissen wird aus dem Wissenspotential der hinzugezogenen Experten, der sogenannte Wissensdomäne gewonnen. Der Vorgang, Wissen aus der Domäne zu gewinnen und in der Wissensbasis abzubilden, wird als Knowledge Engineering bezeichnet.

Für diesen Bereich ergeben sich zwei Hauptfragestellungen: Was ist unter Wissen zu verstehen und wie kann man menschliches Wissen computertechnisch abbilden?

Von der psychologischen Seite her wird Wissen aus dem kognitionstheoretischen Ansatz heraus definiert. Hier wird Wissen als "Zustand subjektiver Informiertheit" aufgefaßt, der ein breites Spektrum an Inhalten und Formen bietet (vgl. Trommsdorff 1989 S.22 u. 72ff). Die Betrachtung des Begriffs Wissen aus der Sicht der Informatik stellt insbesondere auf den Unterschied zum Begriff Daten und die maschinelle Darstellung ab. Wissen, als Ergebnis von Ausbildung und Erfahrung wird von Daten dahingehend abgegrenzt, daß zu dessen Sammlung nicht auf einen automatischen Prozeß zurückgegriffen werden kann (vgl. Brodi/Mylopoulos 1986 S.77f). Die

Dimension	Transactions Processing Systems (TPS)	Management Information Systems (MIS)	Decision Support Systems (DSS)	Expert Systems (ES)
Applications	Payroll, inventory, record keeping, production and sales information	Production control, sales forecasting, monitoring	Long-range strategic planning, complex integrated problem areas	Diagnosis, strategic planning, internal control planning, maintenance strategies. Narrow domain
Focus	Data Transactions	Information	Decisions, flexibility, user-friendliness	Inferencing, transfer of expertise
Database	Unique to each application, batch update	Interactive access by programmers	Database management systems, interactive access, factual knowledge	Procedural and factual knowledge, knowledge base (facts, rules)
Decision Capabilities	No decision, or simple decision models	Structured routine problems using conventional operations research tools	Semistructured problems, integrated OR models, blend of judgment and structured support capabilities	The system makes complex decisions, unstructured; use of rules (heuristics)
Manipulation	Numerical	Numerical	Numerical	Symbolic
Type of Information	Summary reports, operational	Scheduled and demand reports, structured flow, exception reporting	Information to support specific decisions	Advice and Explanations
Highest organizational level served	Submanagerial, low management	Middle management	Top management	Top management and specialists
Impetus	Expediency	Efficiency	Effectiveness	Effectiveness and expediency

Abb. 19: Attribute computergestützter Informationssysteme (vgl. Turban 1988 S.16)

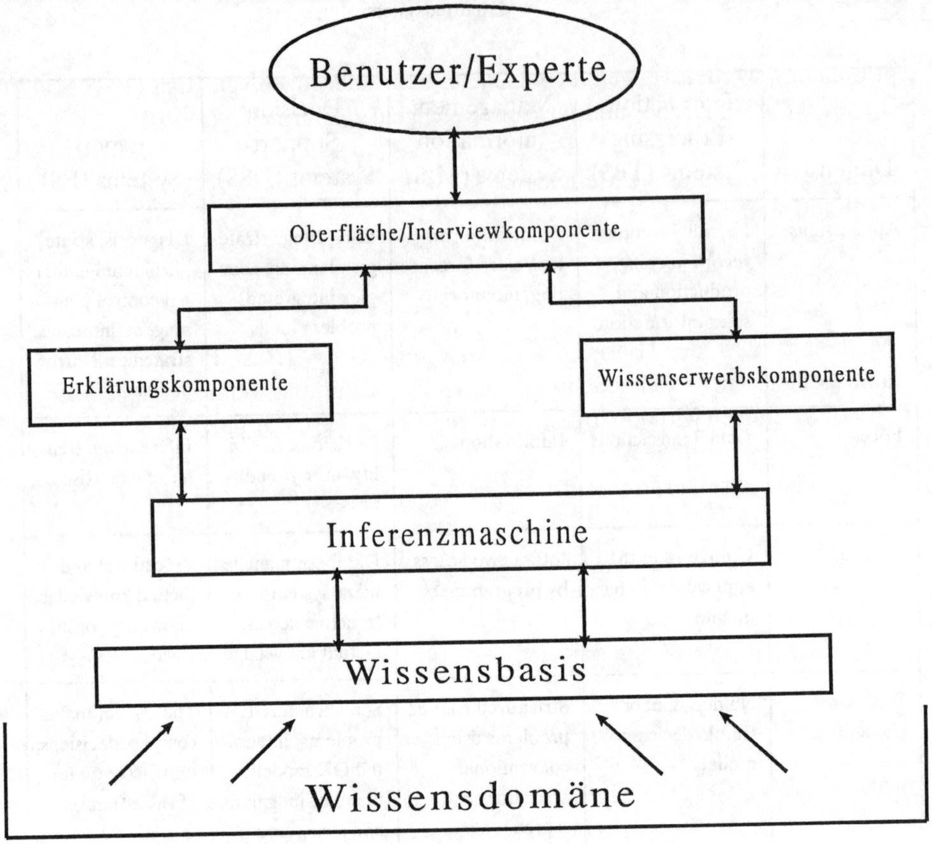

Abb. 20: Prinzipieller Aufbau eines Expertensystems

Möglichkeit der Darstellung von Wissen ist Bestandteil der Kognitionsforschung in der KI, die die Ergebnisse der psychologischen Forschung auf Maschinen zu übertragen versucht (vgl. Freska 1987 S. 277). Trotz dieser sehr praktischen Sichtweise zeigt sich aber in der Literatur das für beide Forschungsgebiete letztendlich gleiche Verständnis des Begriffs Wissen als eine Zustandsgröße für ein strukturiertes, aus Einzelelementen und Beziehungen bestehendes Potential, das bewußt und somit auch erfaßbar gemacht werden muß. Der Versuch, Wissen maschinell darzustellen, bringt auch viele Erkennntnisse hervor, die an den kognitionstheoretischen Grundlagen der Psychologie Zweifel entstehen lassen, wie sie Abhandlungen von Becker (1987 S.278ff) und Strube (1987 S.287ff) aufzeigen. Es kommt somit zu einem gegenseitigen Austausch zwischen KI und Psychologie (vgl. hierzu auch Heyer 1988 S.320ff).

So sind in der KI auch eigenständige Modelle für die Abbildung des menschlichen Wissens, der sogenannte Wissensrepräsentation, entwickelt worden. Sie kommen den kognitionstheoretischen sehr nahe. Die folgenden Methoden der Wissensrepräsenation werden verwendet (für nähere Erläuterungen vgl. Rich (1988 S.147ff), Nebendahl (1987 S.55/56) und Jackson/Reichgeld /v.Harmelen (1989)):

- formale, mathematische Methoden
  - Prädikatenlogik
  - Modallogik
  - mehrwertige Logik
  - Fuzzy Logic
- Methoden auf der Basis des Prädikatenkalküls (Das Prädikatenkalkül ist aussagenlogisches Schließen: Durch die Erfüllung einer oder mehrerer Voraussetzungen wird ein logischer Schluß (wahr/falsch) ermöglicht.)
  - deklarative Methoden
    - Frames (strukturierte Aufstellungen der Eigenschaften zu einem Objekt oder einer Situation, ähnlich einem relationalen Datensatz, um zum Verständnis und Erkennen des Objektes/ der Situation beizutragen)
    - Semantische Netze (beziehungsorientierte Vernetzungen von Objekten)
  - prozedurale Methoden
    - (Produktions-)Regeln (typische Regeln in der Wenn-Dann-Form)

Die oft in der Literatur genannte Aussage, eine Wissensbasis bestehe aus Regel und Fakten, ist nur bei einer nicht adäquat weiten Auslegung des Begriffs Regel korrekt. Regeln reichen allein zur umfassenden Beschreibung von Wissen nicht aus. Autoren, die obige Wissensrepräsentationsformen nennen, aber vorweg die zuerst genannte Definition des Inhaltes verwenden, widersprechen sich somit selbst. Vielmehr ist, wenn man die Beschreibung schon auf zwei Begriffe reduziert, von Relationen (die Regeln einschließen) und Fakten zu sprechen.

Eine Wissensbasis kann, sie muß aber nicht aus Regeln bestehen. Es sind Systeme denkbar, die keine Regeln beinhalten und nur Zuordnungen, also Relationen anderer Art aufweisen (sogn. modellbasierte Systeme (vgl. Turban 1988 S.366)). Systeme, die zwar Regeln, aber diese nicht ausschließlich beinhalten, sind Hybridsysteme. XPS, die nur aus Regeln und Fakten bestehen, sind (reine) regelbasierte Syteme.

Heutige Expertensysteme sind vorwiegend regelbasiert, für anspruchsvollere Anwendungen sind jedoch komplexere Darstellungen des Wissens notwendig (vgl. hierzu auch Tank 1988, Rangaswamy et.al. 1987 S.26f).

Die Inferenzmaschine: Dieser auch als Problemlösungskomponente bezeichnete Teil eines Expertensystems stellt die innere logische Einheit dar. Sie zieht die einem menschlichen Experten nachempfundenen Schlüsse aus dem Bestand an Wissen. Erst die Verbindung der Wissensbasis mit den Inferenzmechanismen läßt intelligente Funktionen entstehen. Die grundlegende Struktur der Wissensverarbeitung durch

Expertensysteme ist von deren Einsatz bestimmt. Hiernach lassen sich drei Gruppen von Expertensystemtypen unterscheiden, nach deren Ausrichtung die Systeme ihr Wissen verarbeiten (vgl. Puppe 1988 S.10):

- Diagnostik	Das Resultat ist eine Auswahl aus einer Menge vorgegebener Alternativen
- Konfiguration	Das XPS erstellt ein individuelle Konfigurationen aus einzelnen Bausteinen einer Gesamtkonstruktion zusammen
- Simulation	Aus einem vorgegebenen Zustand werden weitere Zustände abgeleitet

Hiermit ist auch die Gestaltung der Wissensbasis untrennbar verbunden. Durch sie werden die Verarbeitungsweisen im einzelnen festgelegt, d.h. wie ein Schluß gezogen wird (sogenanntes Inferieren) und wie Steuerung der Abarbeitungsfolgen.

Die Interviewkomponente: Sie stellt die Benutzeroberfläche des XPS dar. Der Komfort der Bedienung ist von der Ausgestaltung dieser Komponente abhängig und bestimmt entscheidend die Akzeptanz eines XPS im täglichen Einsatz.

Die Erklärungskomponente: Den Weg, den ein Expertensystem zur Lösung einer Aufgabe beschritt, muß dem Anwender nachvollziehbar dargelegt werden, da am Ergebnis allein nicht die Richtigkeit des Schlusses überprüft werden kann. Diese Funktion wird durch die Erklärungskomponente erfüllt.

Die Wissenserwerbskomponente: Der Vorgang des Knowledge Engineerings, also die Abbildung von Teilen der Wissensdomäne in der Wissensbasis, muß vom System her in der Weise unterstützt werden, daß dies ohne Hilfe eines Programmierers möglich ist. Eingaben in das System müssen überprüft, umgesetzt und abgelegt werden. Diese Aufgaben erfüllt die Wissenserwerbskomponente.

4.4.5 Historie und heutiger Stand

Wie schon aus der obigen Abbildung 16 ersichtlich wurde, liegen die Anfänge der Expertensystementwicklung im zweiten Teil der 50er Jahre. Nach der Konferenz in Dartmouth 1956, bei der die KI als eigenes Forschungsgebiet abgegrenzt wurde, entstand die Vorstellung von Expertensystemen als generelle Problemlösungssysteme, die mit wenigen, mächtigen Techniken auf leistungsfähigen Maschinen arbeiten (vgl. Miller 1987 S. 9). Der bekannteste Repräsentant, der diese Auffassung zeigte, war der Ende der 50er Jahre u.a. von Herbert Simon entwickelte "General Problem Solver" (vgl. Nevell/Simon 1958). Die Erwartungen der Konstrukteure wurden jedoch nicht erfüllt.

Erst Ende der 60er Jahre begann sich ein Paradigmenwechsel hin zur bereichsspezifischen Ausrichtung der Expertensystemtheorie. Die Stanford University und das ihr angeschlossene Stanford Research Institute (SRI) wurden in den 70er Jahren zum bedeutendsten Zentrum der KI. Neben der KI-Programmiersprache LISP (John McCarthy) stammen die ersten erfolgreichen Syteme wie DENTRAL (Moleküler-kennungs-XPS von Eduard Feigenbaum) und das System MYCIN (XPS zur Diagnose von Infektionskrankheiten von E.H. Shortliff und später von Van Melle für die Entwicklung des Shells EMYCIN genutzt) von dieser Universität (vgl. u.a. Shurkin 1986 S.1ff, Shortliff 1976, Van Melle et.al. 1980). MYCIN wird gemeinhin als "Großvater" aller heutigen Expertensysteme angesehen.

Aber auch die Fa. Digital Equipment Corporation (DEC) trug mit der Entwicklung einiger Systeme zur Verbreitung wissensbasierter Systeme bei. Von ihnen sind die Systeme XCON (zur Konfiguration von DEC-Rechenanlagen, früher unter dem Namen R1 bekannt) und XSEL (System zur Unterstützung des Vertriebs) bisher bekannt wurden (vgl. Mertens 1986 S.913f).

4.4.6 Anwendungen und Perspektiven

Alle diese System und die meisten heute angebotenen XPS sind regelbasierte Systeme. Wie das Beispiel XCON zeigt, sind diese Systeme aber für anspruchsvollere Aufgabenstellungen aufgrund der nicht mehr zu verwaltenden Zahl von Regeln ungeeignet (XCON besitzt mehr als 14000 unstrukturierte Regeln). Expertensysteme, die eine aufwendigere Gestaltung der Wissenbasis zeigen, gibt es bisher nur als Prototypen in geringer Zahl.

Die Anwendungsbereiche für Expertensysteme werden von Mertens (1986 S.908/909) wie in Abbildung 21 strukturiert.

Für das Marketing sind bisher Anwendungsschwerpunkte im Bereich der strategischen Planung (z.B. Portfolioanalyse, wobei gerade dieses Feld für die Verwendung von XPS wenig adäquat erscheint), der Vertriebsunterstützung (durch Konfigurationssysteme), der intelligenten Datenaufbereitung (z.B. Coverstory von J.D.C. Little (1988)) sowie der Werbegestaltung und -analyse (vgl. Neibecker 1989 S.66f).

Die derzeit verfügbaren Expertensysteme sind gemessen an den generellen Anspruch an ideale XPS noch sehr einfach. Ihre Wissensbasis ist rein regelbasiert und anspruchsvolle Systeme existieren zumeist nur als individuell ausgerichtete Prototypen. Auch die heutigen Shells lassen nur so einfache System zu, daß sie nicht sinnvoll in der Praxis genutzt werden können. Die Forderung nach Lernfähigkeit ist in Marketing-Expertensystemen bisher noch nicht erfüllt worden.

Für einen Überblick über heute existierende Systeme im Marketing, der aufgrund der schnellen Entwicklung auf diesem Feld keinen Anspruch auf Vollständigkeit erheben kann, ist in Abbildung 22 gegeben.

Die Entwicklung der Expertensysteme muß sich in Richtung auf verbesserte Bedienungsfreundlichkeit (für Benutzer und Knowledge Engineer), auf die Lernfähigkeit, direkte sprachliche Kommunikation und, was für die Durchsetzung der XPS entscheidend ist, auf eine anspruchvollere Wissensrepräsentation hin bewegen. Erst wenn die Aufgabenstellungen wesentlich komplexer und tiefergehend von Expertensystemen erfüllt werden können und Wissen nicht nur regelbasiert repräsentiert wird, kann ein Einsatz von Expertensystemen im täglichen, praktischen Einsatz sinnvoll werden.

Art des Systems	Aufgabe
Diagnosesysteme	klassifizieren Fälle, oft auf der Grundlage einer Reduktion umfangreichen Datenmaterials, gegebenenfalls unter Berücksichtigung unsicheren Wissens
Expertisesysteme	formulieren unter Benutzung der Diagnosedaten Situationsberichte, die auch schon Elemente einer Beratung ("Therapie") enthalten können
Intelligente Checklisten	dienen bei Entscheidungsprozessen als Gedächtnisstütze und der Vollständigkeitssicherung, sie können Teile von Beratungs- und Diagnosesystemen sein
Beratungssysteme	geben im Dialog mit dem Menschen eine auf den vorliegenden Fall bezogene Handlungsempfehlung
Selektionssysteme	dienen der Auswahl von Elementen aus einer meist großen Zahl von Alternativen, können Teile von Konfigurations- und Planungssystemen sein
Konfigurationssysteme	stellen auf der Basis von Selektionsvorgängen unter Berücksichtigung von Schnittstellen, Unverträglichkeiten und parametrierten Benutzerwünschen komplexere Gebilde zusammen
Planungssysteme	übernehmen ähnliche Aufgaben wie Selektions- und Konfigurationssysteme, berücksichtigen aber darüber hinaus zeitliche Reihenfolgen
Zugangssysteme	stellen in der Regel Hüllen zu konventionellen Entscheidungs- und Planungshilfen dar, sollen weniger geschulten Benutzern den Umgang mit den konventionellen Methoden erleichtern
Hilfesysteme	leisten in Mensch-Maschine-Dialogen aktive, d.h. vom Benutzer nicht angeforderte Hilfen, um den Benutzer vor Fehlern zu bewahren und den Problemlösungsprozeß effizienter zu machen
Unterrichtssysteme	sind eine Weiterentwicklung des Computerunterstützten Unterrichts um Elemente der Künstlichen Intelligenz (z.B. Benutzermodell, Intelligente Checkliste, Zugangssystem, Aktive Hilfe)
Entscheidungssysteme	übernehmen die Entscheidung automatisch, solange bestimmte parametrierte Grenzen nicht verlassen werden

Abb. 21: Aufgabenklassen von Expertensysteme (nach Mertens 1986 S.908/909)

Name des Systems	Verwendungsbereich	Herkunft/Quelle/Authoren
ADCAD	Werbegestaltung	Wharton University/USA
ADER	Analyse der Rationalität im Konsumentenverhalten	Portland State Univ./USA
BEREX	Absatzzahlenkontrolle	Univ. Bern/CH
CASPER	Marktanteilsanalyse	USA
COLBERT	Exportstrategieauswahl	Peguin/USA
COMPETE	Planung von Langfriststrategien	Östereich
CONCEPT	Entwicklung von Konsumentenmarktmodellen	Fa. Tymshare Corp./USA
Coverstory	Marktdatenselektion	MIT/J.D.C. Little/USA
CSF Advisor	Preisermittlung	Fa. IBM/USA
DECIDEX	Produkteinführungsstrategien	Levine u.a./USA
DEMI	Prognoseverfahrenauswahl	Univ. Saarland
DRAGON	Verkaufsunterstützung	FA. ICL/USA
EES	Einkauf/Warenwirtschaft	TU Berlin
ESWA	Werbewirkungsanalyse	B. Neibecker/Univ. d. Saarlandes
EXTEND	Angebotserstellung	Frankreich
Folio	Portfolioanalyse	
ILOG	Logistik	Fa. Digital Equipment Corp./USA
INNOVATOR	Neuproduktplanung	Univ.of Arizona/USA
INTRA	Support-Unterstützung	Fa. Hewlett Packard/USA
Itinerary Planner	Reiseplanung	Fa. ES Intern. Corp./USA
MARKETEER	Marketing-Entscheidungen	USA
MORE	Direktmarketing-Konzeptionen	Fa. Persoft/USA
MSA	Auswahl von Marketingstrategien	Cross/Foxman/Sherrel/USA
NEGOTEX	Verhandlungsberater	Wharton University/USA
Negotiation Edge	Verkäufertraining	
NEXPERTS	Layoutsystem	Fa. Composition Syst. Inc./USA
PEP	Planung von Konsumentenwerbekampagnen	Bayer/Lawrence/USA und Marketing Advantage
Inc./USA		
PMS	Verkaufskontrolle	Oxman/USA
Product Safety	Markeinführung neuer Produkte	A.D.Little/USA
PROMOTOR	Werbeträgerbewertung	Fa. MD Inc./USA
PTRANS	Vertriebskontrolle	Fa. Digital Equipment Corp./USA
Quiz Advisor	allg. Auskunftssystem	Univ. of Ottawa/CAN
Sales Edge	Verkaufsunterstützung	Univ.of Nevada/USA
SEATS	Verkaufsunterstützung	Fa. Sperry/USA
Sell!Sell!Sell!	Verkaufsunterstützung	Univ.of Nevada/USA
SHANEX	Marktanteilsanalyse	Univ.of Illinois/USA
STRATEX	Portfolioanalyse	Plattfaut/Univ.Erlangen
VPS	Verkaufsprognose und Verkaufsgebietsvergleich	Daimler Benz AG
XSEL	Verkaufsunterstützung	Fa. Digital Equipment Corp./USA

Im Rahmen des Marketing-Workbench-Projektes an der Duke University werden z.Zt.verschiedene XPS-Prototypen für Marketingaufgaben entwickelt.

Abb. 22: Überblick über einen Teil der heute im praktischen Einsatz befindlichen Expertensysteme für Marketingaufgaben

Abkürzungen

ALU	Arithmetic Logical Unit
BTX	Bildschirmtext
CATI	Computer Aided Telephon Inquiry/Interview
CBT	Computer Based Training
CCITT	Comité Consultatif International de Télégrafique et Télephonique (Verband)
CD-RAM	Compact Disk - Random Access Memory
CD-ROM	Compact Disk - Read Only Memory
CIA	Consumer Initiated Avertising
CISC	Complex Instruction Set Computer
CODASYL	Conference on Data Systems Languages (Datenbank)
CPU	Central Processing Unit
CSMA	Carrier Sense - Multiple Access (Netzwerksteuerungsprinzip)
DBMS	Datenbank Management System
DEC	Digital Equipment Corporation
DMA	Direct Memory Access (Controller zur Datenflußsteuerung vor einem Prozessor)
DNA	Digital Network Architecture (Netzwerk)
DOS	Disk Operating System
DPI	Dots per Inch (Punkte pro Zoll)
DSS	Decision Support System
DTP	Desktop Publishing
DVA	Datenverarbeitungsanlage
EISA	Extended Industry Standard Architecture (BUS-Architektur)
EPROM	Erasable Programmable Read Only Memory (Löschbarer Lesespeicher)
FTP	File Transfer Program (Dienstprogramm unter UNIX)
GEM	Graphics Enviroment Manager (Oberfläche)
GSI	Giga Scale Integration

IBM	International Business Machines Corp.
IES	Interaktive Elektronische Systeme
IMS	Information Management System (Datenbank)
ISA	Industry Standard Architecture (BUS-Architektur)
ISDN	Integrated Services Digital Network (WAN-Träger)
ISO	International Standardization Organization
KI	Künstliche Intelligenz
LAN	Local Area Network (Lokales Netz)
LSI	Large Scale Integration
MCA	Microchannel Architecture (BUS-Architektur)
MFLOPS	Million Floating Point Operations per Second (Millionen Fließkommaoperationen pro Sekunde)
MIPS	Million Instructions per Second (Millionen Instruktionen je Sekunde)
MIS	Management Information System
MSI	Medium Scale Integration
NFS	Network File Server (Kommunikationsdienstprogramm)
OSI	Open Systems Interconnection (Standard für Kommunikation)
RAM	Random Access Memory (Lese- und Schreibzugriffsspeicher)
RISC	Reduced Instruction Set Computer
ROM	Read Only Memory
SAA	System Anwender Architektur (Oberflächenstandard)
SIMD	Single Instruction Multiple Data (Datenverarbeitungsprinzip)
SNA	System Network Architecture (Netzwerk)
SQL	Structured Query Language (Datenbankabfragesprache)
SSI	Small Scale Integration
TCP/IP	Transmission Control Panel / Internet Protocol (Protokoll unter UNIX)
ULSI	Ultra Large Integration
VLSI	Very Large Integration
WAN	Wide Area Network
WORM	Write once read multiple

WWS	Warenwirtschaftssysteme
WYSIWYG	What You See, Is What You Get (Was Sie sehen ist, was Sie bekommen)
XCON	Expert Configurator (Expertensystem)
XPS	Expertsystem
XSEL	Expert Seller (Expertensystem)

Literatur

Verwendete Abkürzungen:

MZFP:	Marketing-Zeitschrift für Forschung und Praxis
ZFB:	Zeitschrift für Betriebswirtschaft
ZfbF:	Zeitschrift für betriebswirtschaftliche Forschung
DBW:	Die Betriebswirtschaft

AFI-Arbeitskreis Marketing für Datenbanken: Vorteile durch Datenbanken, AFI-Schriften 1988, Nr. 4

Artis, H.P.: A Rule Based Expert System Implementation for SAS Software, in: SAS Institute Reader SAS Users Group International Conference, Dallas/Tx, 1987, S.602-605

Aschoff, M.: So funktioniert ein Laserdrucker, DOS International 1988 Nr. 9, S.54-56

Athappilly, K., Targowski, A.S.: Historic Information Milestones provide Base for future Systems, Datamation 1986, Nr. 3, S.42-47

Awad, u.a.: Forschungsprojekt Behindertenkommunikationssysteme in: Reader zur BIGTECH-Tagung "Elektronische Sprachsysteme" Berlin, Dezember 1988 S.215- 222

Bayer, R.: Database Technology for Expert Systems, Informatik Fachberichte 112, Springer 1985

Balzert, Bauer: Wissensbasierte Systeme zur Bürokommunikation, Computer Magazin 1987, Nr. 5, S.37-49

Barr, A. Cohen, R.P., Feigenbaum, E.A.: The Handbook of Artificial Intelligence, VOL III, Reading, MA 1982

Barr, A. Cohen, R.P., Feigenbaum, E.A.: The Handbook of Artificial Intelligence, VOL IV, Reading, MA 1989

Barth, H.: Electronic Mail als Führungshilfe, Verkauf & Marketing 1987, Nr. 9, S.12-15

Bearchell, C.A.: Telemarketing - Future Trends and Possibilities, Marketing Journal 1984, Nr.3, S.214

Becker, B.: Wissen und Können - Anmerkungen zur Wissensrepräsentation bei Aufgabenlösern in: Morik, K., WAI-87 German Workshop on Artifical Intelligence Berlin 1987, S.278-286

Becker, D., Ming, Z., Wang, D.Y.: Aspekte der Spracherkennung unter realen Umweltbedingungen in: Reader zur BIGTECH-Tagung "Elektronische Sprachsysteme", Berlin, Dezember 1988, S.195-200

Becker, T.: Zukunftsmarkt Datenbanken, Technologie & Management 1988, Nr. 2, S.22-29

Behrens, K.C.: Grundbegriffe und Gegenstände der Marktforschung, in: Behrens, K.C. (Hrsg.), Handbuch der Marktforschung, I. Halbband, Wiesbaden 1974

Berchthold, E.: Datenwege ohne Nadelöhr, PC Magazin 1988, Nr.16 S.24-26

Berekoven, E., Grundlagen der Absatzwirschaft, Herne/Berlin 1978

Berekoven, E., Eckert, W., Ellenrieder: Marktforschung, 2. Auflage, Wiesbaden 1986

Bermond R.: Transputer Informatik Spektrum 1986, Nr. 9, S.359 - 361

Bobrow, D., Hayes, P.: Artificial Intelligence - Where are we?, Artificial Intelligence, 25.Jg. 1985, S.375-415

Börner, W.: Besser im Bilde, Personal Computing 1988, Nr. 2, S.110-113

Both, M.: Computergestützte Entscheidungshilfen im Marketing, Frankfurt 1989

Brachman, R., Amarel, S., Englemare, C., Feigenbaum, E., Wilkens, D.: What are Expert Systems? in: Hayes-Roth, F., Waterman, D.A., Lenat, D. (Hrsg.), Building Expert Systems, MA 1983, S.31-58

Brady, M.: Intelligent Vision in: Grimson, W.E.L., Patil, R.S.(Hrsg.), Artificial Intelligence in the 1980s and Beyond, Cambridge 1987, S.201-241

Brodie,M.L., Mylopolus: On Knowledge Based Systems, Englewood Cliffs 1986

Brodie, M.L., Manola, F.: Database Management: A Survey, in: Mylopolus, Brodie, M.L. (Hrsg.), Readings in Artificial Intelligence and Databases, San Mateo 1988, S.10-27

Brodie, M.L.: Future Intelligent Information Systems, AI and Database Technologies Working Together, in: Mylopolus, Brodie, M.L. (Hrsg.), Readings in Artificial Intelligence and Databases, San Mateo 1988, S.623-641

Buttery, E.M.: The Development of a computerized Information System for the Control and Development of Marketing, Vortrag zum Symposium, Marketing Information Management, Innsbruck, im Mai 1988a

Buttery, E.M.: Structure and Content of the MAIS: A Guide for Management, MCB Publications, Forthcoming 1988b

Brodie, Mylopoulos: On Knowledge Base Management Systems, Berlin, New York 1986

Conte,G., Del Corso: Multi-Microprocessor Systems for Realtime Application, Dordrecht 1985

Coppett,J.I., Voorhees,R.D.: Telemarketing: Supplement to Field Sales, Industrial Marketing Management, Vol. 14, 1985, S.213-216

Cordrock, C.: Relationale Datenbanken liegen im Trend, Online 1989, Nr.3, S.32-36

Dadom, P.: Datenbankforschung im wissenschaftlichen Zentrum von IBM: Fortschrittliche Datenbanksysteme für technisch-wissenschaftliche Anwendungen in: Vortragsreader zum IBM-Hochschulkongreß, Berlin, April 1989, Vortrag Nr.314

Digman,L.A., Yoo,S.: Decision Support Systems: A new Tool for Strategic Management, Long Range Planning 1987, Vol.20, Nr.2, S.114-124

Diller, H.: Informationssysteme für die Preispolitik, Marketing ZFP 1983, S.273-279

Dornach, F.: PC-gestützte MIS, Thexis 1988, Nr.5, S.45-49

Dotzauer, S.: Wann ist Postscipt sinnvoll? in: Vortragsunterlagen zum 2. DTP-Kongress im Rahmen der BIGTEC 1988c, Vortrag DTP 21

Eckmiller, R.: Neuroinformatik: Informationsverarbeitung in biologischen und technischen neuronalen Netzen in: Vortragsreader zum IBM-Hochschulkongreß Berlin, April 1989, Vortrag Nr.314

Elton, M.C.J.: Teleconferencing, New York 1982

Engesser (Hrsg.), Claus, V. (Bearb.): Duden Informatik, Mannheim 1988
Esch, F.-R., Muffler, T.: Expertensysteme im Marketing, Marketing ZFP 1989, Nr. 3, S.145-152
Er, M.C.: Decision Support Systems: A Summary, Problems and Future Research, Decision Support Systems, 4.Jg. 1988, S.355-363
Fähnrich, K.P.: Software-Ergonomie: Stand und Entwicklungstendenzen, Office Management 1987, Nr. 12, S.6-12
Färber, G.: Bussysteme, München 1987
Falk, G.: Interpretation of imperfect line data as a threedimensional scene, Artificial Intelligece Vol 3, (1972), S.101-144
Feenstra, Tjerk: Die Arbeit der X/Open und ihre Ziele, Computer Magazin 1987, Nr. 10, S.59-60
Feldmann, M.: Gestaltungszusammenspiel zwischen Computer und Video bei IES, Thexis, 6.Jg. 1989, Nr.5, S.55-61
Fichter,G., Legat,D.: Information and Expertise Management in Marketing, Vortrag zum Symposium Marketing Information Management, Innsbruck, im Mai 1988
Fineman, L.: Speech Recognition, the PC and SAS-Systems in: SAS Institute Reader, SAS Users Group international Conference, Dallas/Tx, 1987, S.818-821
Folberth, O.G.: Mikroelektronik, IBM-Nachrichten Nr. 275, 1985, S.7-15
Foster, D.L.: Inside IBM PS/2, Greensboro 1987
Fox, G.C., Messina, P.C.: Fortschrittliche Rechnerarchitekturen, Spektrum der Wissenschaft, Dezember 1987, S.54-62
Freksa, C.: Kognition - Wissensstrukturen beim Aufgabenlösen, in: Morik, K., WAI-87, German Workshop on Artifical Intelligence Berlin u.a., 1987, S.277
Fritsch, K.: Trends in der Bürokommunikation, ZFB, 58.Jahrg./1988, S.267-284
Fromm, I.: Standardisierung lokaler Netze (LAN), Informationstechnik 1986, 28.Jg., Nr.1, S.30-36
Furrer, G.: Medienauswahl bei IES, Thexis 6.Jg., 1989, Nr.5, S.17-22
Giloi, W.K.: Die Entwicklung der Rechnerarchitektur von der Von Neumann Maschine bis zu den Rechnern der fünften Generation, Elektronische Rechenanlagen 1984, Nr. 2, S.55 -70
Goodwin, M., Koessel, K.: Can EISA live up to the Micro Channel's Potential?, PC World 1990, Nr.1, S.73-74
Gordon, T.J. u.a.: Initial Experiments with the Cross-Impact Matrix Method of Forcasting, Futures 2/1968, S.100-116
Gordon, T.J., Becker, H.S., Gerjuoy, H.: Trend-Impact Analysis: A new Forcasting Tool, The Future Group Glastonbury, Connecticut 1974
Grabowski, H.: Elektronische Datenverarbeitung, in: Beitz, W., Küttner, K.-H.: Dubbel-Taschenbuch für den Maschinenbau, Berlin 1983, S.1283-1324
Grawe, H.: Personal Computing im Marketing, Wiesbaden 1987

Grimson, W.E.L.: Making Roborts See and Feel, in: Grimson, W.E.L., Patil, R.S. (Hrsg.): Artificial Intelligence in the 1980s and Beyond, Cambridge 1987, S.243-280

Guenthner, F., Lehmann, F.: Verarbeitung natürlicher Sprache, ein Überblick, Informatik Spektrum, 9.Jg. 1986, S.162-173

Gugel, H.W., Wang, C.M.: High Performance Graphics for Exploring Multivariate Data, in: SAS Institute, Reader SAS Users Group International Conference Dallas/Tx, 1987, S.461-468

Guzman, A.: Computer recognition of three-dimensional objects in a visual scene, Technical Report MAC-TR-59, AI Laboratory MIT 1968

Haarmann, G.: Alternative für DOS-Anwender, Bit, 1987, Nr. 6, S.38-40

Haas, W.: UNIX - in der kommerziellen DV, Informationstechnik, 29.Jahrg./1987 Nr. 1, S.9-11

Habbel, F.R.: Zugang zum Wissen der Welt, Online 1988, Nr.2, S.66-73

Haefner: Mensch und Computer im Jahre 2000, Basel 1984

Häge, H.: IBM Lösungen für lokale Netze, Vortrag Nr. 233 auf dem IBM Hochschulkongress Berlin, April 1989

Hahn, J., Schindler, S.: Die OSI-X.400-Standards und ihre Anwendungen - Electronic-Mail-Einsatz intern und extern, in: Kredel, Poppenheger: Innovative PC-Anwendungen, Köln 1989, S.16-42

Hansen, H.R.: Wirtschaftsinformatik I, 5. Auflage, Stuttgart 1987

Hanson, Allen R., Riseman, Edward M..: VISIONS: A Computer System for Interpreting Scenes, in: Hanson, A.R., Riseman, E. M. (Hrsg.): Computer Vision Systems, New York 1978, S.303-333

Harmon, P.: Currently Available Expert System Building Tools, Expert Systems Strategies 1988, Nr. 7

Harmon, King: Expertensysteme in der Praxis, München 1987

Harmon, P.: AAAI 1988, Expert Systems Strategies 1988, Nr. 7

Hauenschild, C.: KI-Methoden in der maschinellen Übersetzung, in: Morik, K.: WAI 87 German Workshop on Artifical Intelligence, Berlin u.a. 1987, S.41-53

Haug, H.: Ein System ist mehr als die Summe seiner Teile, Computer Magazin 1987, Heft 7/8, S.31-33

Hauser, R.C.: Sinnvoller Computereinsatz im Marketing, Thexis 1987a Nr. 3, S.30-33

Hauser,R.C., Liechti,M.: PC - Sinnvoller Einsatz für den Verkaufsleiter, Verkauf & Marketing 1987b, Nr. 9, S.4-13

Hays, E.M.: Two views of motion: On representing more events in a language vision system, in: Metzing, D.: GWAI-89 13th German Workshop on Artificial Intelligence, Berlin u.a. 1989, S.312-317

Hayward, R.G.: Developing an Information Systems Strategy, Long Range Planning Vol.20/1987, Nr.2, S.100-113

Heide, G.: PC-Einsatz im Marketing, Absatzwirtschaft 1986, Nr.4, S.34-35

Heide, G.: Entwicklung von marktorientierten Entscheidungs- und Prognosemodellen auf der Grundlage von PC-Systemen, Vortrag zum Symposium Marketing Information Management, Innsbruck, im Mai 1988

Heinzelbecker K.: Management Information Systems, Stuttgart 1985

Heyer, G.: Fünf Thesen zum kognitiven Anspruch und der industriellen Relevanz Künstlicher Intelligenz, in: Hoeppner, W.: Künstliche Intelligenz - Proceedings-GWAI 1988, German Workshop on Artificial Intelligence, 12. Jahrestagung Berlin u.a. 1988, S.320-326

Heyers, V., Meinzer, H.-P.: 3D-Visualisierung von Grauwertvoxelräumen, in: Bunke, H., Kübler, O., Stucki, P. (Hrsg.): Mustererkennung 1988, Berlin 1988, S.39-45

Held, W.: Das Übertragungsnetz, die Verbindung von Anwendern und Recourcen, Vortrag Nr. 131 auf dem IBM Hochschulkongress, Berlin April 1989

Henry, G.G.: IBM Small-System Architecture and Design in Past, Present and Future, IBM Systems Journal, Vol. 25 1986 Nr. 3/4, S.321- 333

Hermanns, A.: Neue Kommunikationstechniken im Marketing - Grundlegung und Beispiele, München 1986

Hess, W.: Sprachsynthese hoher Qualität mit Halbsilben unter Verwendung eines Vocoders mit adoptivem Übertragungssignal, in: Reader zur BIGTECH-Tagung "Elektronische Sprachsysteme", Berlin, Dezember 1988, S.60-67

Hick, W.: Mehrwertdienste auf weltweitem Kommunikationsnetz, DATACOM 1989 Nr.9, S.128-132

Hninda, Ulrich: Schneller Schalten mit Quanteneffekt-Halbleitern, Frankfurter Allgemeine Zeitung, v. 13.04.1989

Hofauer, H.: RISC-Anmerkungen zu einem aktuellen Thema, Informationstechnik 28.Jg. 1986, Heft 2 S.108-117

Holub, P.: Biochips und Nervenzellenelektroden im Jahre 2012, Technologie & Management 1988 Nr. 2, S.44-46

Hofman, M.: Graphiksoftware: Zielsichere Programmauswahl, MS-DOS-Welt 1989, Nr.1, S.16-25

Howarth, D.J.: New Technologies - How they are likely to be absorbed into Economy and Culture over the next Years, Journal of the Market Research Society 1987, S.355-362

Huang, Victor K.L.: High-Performance Microprocessors: The RISC-Dilemma, IEEE Micro 1989, Nr.8, S.13-14

Huchzmeier,R., Probst,A.R.: Computergestützte Entscheidungshilfen, IBM - Nachrichten 1984, Nr. 271, S.43-47

Hutchison D./Silvester, P.: Computer Logic: Principles and Technology, Chichester 1987

Inmos Limited: Communicating Process Architecture, London 1988

Jackson, P., Reichgeld, H., von Harmelen, F.: Logic Based Knowledge Representation, Cambridge/London 1989

Joas, A.: Marktstudien am PC, Thexis 1987, Nr.3, S.54-57

Kaas, K.P.: Die Entwicklung von Angebot und Nachfrage auf dem Markt für Marketinginformationen, in: MTP e.V./Schwarz, Sturm, Klose (Hrsg.), Marketing 2000, Wiesbaden 1987, S.123-137

Kahl, G.: Bildverarbeitung als Bestandteil von DTP, in: Vortragsunterlagen zum 2. DTP-Kongreß im Rahmen der BIGTECH 1988, Vortrag Nr.3

Kalscheuer,H.D.: Die Netze stehen - gefordert sind die motivierten Manager, Markenartikel 1987, Nr. 2, S.62-69

Kallmann, Reinharth (Hrsg.): Information Systems for Planning and Decisionmaking, New York 1984

Kauffels, F.-J.: Netzwerk-Architekturen für verteilte Anwendungen, Vortrag Nr. 223 auf dem IBM Hochschulkongress, Berlin April 1989

Keen, P.G.W., Scott-Morton, M.S.: Decision Support Systems: An Organizational Perspective, Reading MA 1978

Kiesler, S.: Thinking ahead: The hidden Messages in Computer Networks, Harvard Business Review 1986, Nr. 1, S.46-60

Kinner, T.C., Zinkhau,G.M., Joachimsthaler, E.A.: Individual Differences in Marketing Decision Support Systems Usage and Satisfaction, Journal of Marketing Research, Vol. 24, May 1987, S.208-213

Klein, A.: RISC - Grundprinzipien einer neuen Prozessorarchitektur, Informatik Spektrum 1986, Nr. 9, S.334-348

Knorr, E.: Software's Next Wave, PC World 1990, Nr. 1, S.134-143

Köhler R. (Hrsg.): Scanning - Zukunftsperspektiven für Handel, Industrie und Marktforschung, Berlin 1986a

Kohn, L., Margulis, N.: Introducing the i860 64-bit Microprocessor, IEEE Micro 1989, Nr.8, S.15-30

Kosten, U., Steffens, E.: Irren ist "mänschlich", CT 1990, Nr.5, S.196-213

Kraemer,K.L., Dutton,W.H., Northrop,A.: The Management of Information Systems, New York 1981

Krallmann, H.: Decision Support Systems: Einsatzmöglichkeiten in der strategischen Planung, Lehrstuhlpapier, TU Berlin 1986

Krallmann, H.: Büroautomation: Immer noch Organsiationsprobleme? Computer Magazin 1987, Nr.9, S.1

Kredel, L.: Überblick über Anwendungspotentiale der KI zur Unterstützung von Produktionsprozessen, in: Vortragsunterlagen zum 2. DTP-Kongreß im Rahmen der BIGTECH 1988a, Vortrag DTP3

Kredel, L.: DTP zwischen Textverarbeitung und Satztechnik, in: Pape, U.: DTP - Anwendungen, Erfahrungen und Prognosen, Berlin 1988b, S.1-18

Kredel, L.: DTP-Standortbestimmung und Trends, in: Vortragsunterlagen zum 2. DTP-Kongreß im Rahmen der BIGTECH 1988c, Vortrag DTP11

Kredel, L.: Strukturveränderungen und Zukunftstrends, in: Vortragsunterlagen zum 2. DTP-Kongreß im Rahmen der BIGTECH 1988d, Vortrag DTP23

Kredel, L.: Vernetzung von Personal Computern durch LANs, in: Kredel, Poppenheger: Innovative PC-Anwendungen, Köln 1989, S.61-72

Kroeber-Riel, W.: Weniger Informationsüberlastung durch Bildkommunikation, Wirtschaftswissenschaftliches Studium, 1987, S.485-489

Kruschel, D.: Electronic Mail, Computer Magazin 1987, Nr.10, S.56-57

Kuß, A.: Computereinsatz in der Datenerhebung, in: Simon, H.: Marketing im technologischen Umbruch, Stuttgart 1987, S.76-91

Langen, B., Siemen, A.: ISDN und Spezialnetze, Office Management 1988, Nr.6, S.14-20

Leber, T.: Audiovisuelle Gestaltung interaktiver Systeme, Thexis 6.Jg. 1989, Nr.5, S.23-33

Ledford, G.: Using SAS/Graph-Software on IBM Mainframe with Coax-attached Personal Computers, in: SAS Institute Reader SAS Users Group international Conference, Dallas/Tx, 1987, S.469-473

Lehmann, E.: Zu Wesen und Grenzen der KI, in: Hoeppner, W.: Künstliche Intelligenz - Proceedings- GWAI 1988, German Workshop on Artificial Intelligence, 12. Jahrestagung, Berlin u.a. 1988, S.308-316

Lehmann,H., Guenther,F.: Verarbeitung natürlicher Sprache, ein Überblick, Informatik Spektrum 1986, Nr. 9

Leven, W.: Automatisierte Blickregistrierung - Technik und Meßgenauigkeit, Marketing ZFP, 1988, Nr.4, S.116ff

Little, J.D.C.: Decision Support Systems for Marketing Managers, Journal of Marketing, 43.Jg. 1979, Summer Ed., S.9-26

Little, J.D.C.: Information Technologies in Marketing, Working Paper 1987, Sloan School of Business Administration, Massachussetts Institute of Technology

Little, J.D.C.: Coverstory, an Expert System to Find the News in Scanner Data, Research Paper, MIT Sept. 1989

Litzenroth, H.A.: Neue Marktforschungsperspektiven durch hochentwickelte Technologien, in: Simon, H.: Marketing im technologischen Umbruch, Stuttgart 1987, S.76-91

Lodish, L.M.: Callplan: An Interactive Salesman's Call Planning System, Management Science 1971, Nr.18, S.25-40

Lusti, M.: Expertensysteme - Von der Datenverarbeitung zur Wissensverarbeitung, Thexis 1987, Nr. 3, S.72-76

Mackay, W.E.: More than just a Communication System: Diversity in the Use of Electronic Mail, Working Paper 90s:88-061, Project Management in the 1990s, MIT, Cambridge 1988

Marr, D.: Processing of Visual Information, Phil.Transactions, Roy.Soc.London, 1976, Series B No. 275

Marr, D., Hildreth, E.C.: Theory of edge detection, Proc.Roy.Soc.London, 1980, Series B No. 207, S.187-207

Martin, James: Einführung in die Datenbanktechnik, München 1988

Martinez, D.R., Sobol, M.G.: Systems Analysis Techniques for the Implementation of Expert Systems, Information Systems Technology Vol. 30 1988, Nr. 2, S.81-88

Martorelli, W.P.: PC-Based XPS arrive, Datamation 1988 Nr. 4, S.56-61

Marzi, R.: Wissensbasierte Strategien zur Dialogführung bei Sprachverarbeitungssystemen, in: Reader zur BIGTECH-Tagung "Elektronische Sprachsysteme", Berlin, Dezember 1988, S.120-128

Mauri, G.: Windows-Systeme, Informatik-Spektrum 1987, Nr. 12 S.336-337

McCann, John: The Marketing Workbench - Using Computers for better Performance, Homewood, Illinois 1986

McCann, J., Gallagher, J.: Expert Systems in Marketing: From Information to Knowledge Systems, Forschungsbericht MWB-Projekt, Durham, 1989

Meindl, J.D.: Chips für künftige Computergenerationen, Spektrum der Wissenschaft 1987, Nr. 12, S.64-72

Meinzer, H.-P.: Bildverarbeitung auf PC und Host, in: Vortragsreader zum IBM-Hochschulkongreß, Berlin 1989, Vortrag Nr. 255

Meffert, H.: Auswirkungen neuer Kommunikationstechnologien auf das Marketing, Marketing ZFP 1985, Nr. 2, S.134-138

Meffert, H.: Marketing, Wiesbaden 1986

Menzi, U., Rhiner, M., Studi, P.: Visual Databases - Verwaltung technisch-wissenschaftlicher Bilddaten auf IBM-Großrechnern, in: Vortragsreader zum IBM-Hochschulkongreß, Berlin April 1989, Vortrag Nr.245

Meyer, G.: Warenwirtschaftssysteme im Handel - Eine Grundlegung, in: FH Bielefeld (Hsrg.), Aspekte aus Lehre, Forschung und Entwicklung, Bielefeld 1981, S.201-208

Mertens, P.: Betriebliche Expertensysteme in deutschsprachigen Ländern, ZFB, 56.Jahrg./1986, S.905-941

Mertens, P.: Wettbewerbsvorteile durch Informationstechnologien, Wirtschaftswissenschaftliches Studium, 1987, S.571-572

Montag, G.: Kommunikation auf der Glasfaserstrecke, ASW, 1986 Nr.7, S.62-66

Montgomery, D.B., Weinberg, C.B.: Toward Strategic Intelligence Systems, Journal of Marketing 1979, Nr. 3, S.41-52

Montgomery, D.B.: Toward Decision Support Systems for Strategic Marketing, Strategic Marketing Management 1985, S.103-124
Montgomery, D.B.: Managing the Marketing/Manufacturing Interface Gestion 2000 - Management & Prospectives 1986, Nr. 5, S.69-85
Müller, B.: Sprachdialogsysteme in der Logistik, in: Reader zur BIGTECH-Tagung "Elektronische Sprachsysteme", Berlin Dezember 1988, S.168-176
Müller-Merbach, H.: PC im Jahre 2000, Technologie & Management 1988, Nr.3, S.40-42
Mußtopf, G.: Werkzeuge für Personal Computer, Computer Magazin 1987, Nr.5, S.49-51
Nastansky, L.: Anwendungsmöglichkeiten von Mikrocomputern im Marketing, MZFP 1984, Nr. 1, S.31-40
Nebendahl, D. (Hrsg.): Expertensysteme, SIEMENS AG, München 1987
Neibecker, B.: Computerbefragung, Wirtschaftswissenschaftliches Studium 1984, S.631-632
Neibecker, B.: Einsatz von Expertensystemen im Marketing, in: Scheer, A.-W. (Hrsg.): Betriebliche Expertensysteme II, Wiesbaden 1989
Newell, A., Simon, H.: Elements of a Theory of Human Problem Solving, Psychological Review 1958, May, S.151-166
Nijburg, D.: Graphics Software: Packaging your Presentations, European Research 1988, Nr.5, S.118-135
Nomina: ISIS Personal Computer Report 1988, München 1988
Pape, U.: Istanalyse und Anforderungsdefinition des Bilus-Layout-Systems, Arbeitspapier, Technische Universität Berlin FB 20, April 1989
Peled, A.: Die nächste Computer-Revolution, Spektrum der Wissenschaft Dezember 1987, S.44-52
Peters, M.: Netzwerke, Nantucket News 1988, Nr. 2, S.9-17
Price, Walter J.: A Benchmark Tutorial, IEEE Micro 1989, Nr. 10, S.28-43
Puppe, F.: Einführung in Expertensysteme, Berlin 1988
Raum, W.: UNIX - Der Betriebssystemstandard, Office Management 1988, Nr. 6, S.46-49
Rangaswami, Eliasberg, Wind, Burke: Expert Systems for Marketing, Research Paper des Marketing Science Institute, Cambridge 1987
Rangaswami, Eliasberg, Wind, Burke: Developing Marketing Expert Systems, An Application to International Negotiation, Journal of Marketing 53.Jg. 1989, Nr.10, S.24-39
Rescher, H.: Tippen oder Scannen, MC 1989, Nr.1, S.133-135
Resener, M.: Wizards of Marketing, Newsweek v. 22.07.1985, S.42-45
Reuter, A.: Kopplung von Datenbanken und Expertensystemen, Informationstechnik, 29.Jahrg./1987, Nr. 3, S.164-175

Rich, Elaine: Künstliche Intelligenz - Einführung und Anwendungen, Hamburg 1988
Richter, Stauder: Artificial Intelligence, Stuttgart 1984
Riesenbeck, H.-J.: Computer Aided Marketing, in: Simon H.: Marketing im technologischen Umbruch, Stuttgart 1987, S.19-27
Roberts, L.: Machine Perception of three-dimensional solids, in: Tippett, J. (Hrsg.): Optical and electro-optical information processing, MIT-Press, Massachussetts 1965, S.159-197
Rolle: Software für PC, München 1987
Rose, B.: Mit Röntgenstrahlen auf dem Weg zur nächsten Megachip-Generation, Blick durch die Wirtschaft v. 19.09.1988
Rose, Bernhard: Schon in zwei Jahren 120 Millionen Risc-Rechenoperationen je Sekunde?, Blick durch die Wirtschaft v.28.06.1989
Rüsche, T.: Unterstützung von Marktforschung und Marketing durch moderne Bürokommunikation, Marktforschung 1986, Nr. 3, S.82-85
Schacht, J.: Implementierung neuronaler Netze in Hardware, Design und Elektronik 1989, Nr.6, S.128-136
Schanze, H.: Vom Scannen zum Worterkennen, in: Vortragsreader zum IBM-Hochschulkongreß, Berlin April 1989, Vortrag Nr.311
Scharfenberg, W.: Kosten eines DTP-Systems, MS-DOS-Welt 1989, Nr. 2, S.14-15
Scharlach, C.: Sprachdialogsysteme, in: Reader zur BIGTECH-Tagung "Elektronische Sprachsysteme", Berlin Dezember 1988, S.223-232
Scheer, A.W.: EDV-orientierte BWL, ZFB 54.Jahrg./1984a, S.1116-1135
Scheer, A.W.: Personal-Computing - EDV-Einsatz in Fachabteilungen, DBW 44.Jahrg./1984b, Nr.1, S.25-50
Scheer, A.W.: MIS in der Konsumgüterindustrie, Thexis 1985, Nr.3, S.5-13
Scheer, A.-W., Brombacher, R.: Marketing-Informationssysteme in der Konsumgüterindustrie, Thexis 1985, Nr.3, S.4-11
Scheer, A.W.: EDV-orientierte BWL, Berlin 1987
Scheer, A.W. (Hrsg.): Betriebliche Expertensysteme I, Wiesbaden 1988
Scheuch, F.: Marketing, 3.Auflage, München 1989
Schleppegrell, J.: Portfoliomanagement mit dem PC, Controlling Magazin 1986, Nr. 3, S.1999-205
Schneider, H.-J.: Lexikon der Informatik und Datenverarbeitung, 2. Auflage, München 1986
Schnupp, P.: Expertensysteme unter Unix, Informationstechnik 1987, Nr. 1, S.31-35
Schnura, B.: Einsatz und Nutzen von Datex-P, Datacom 1989, Nr.8, S.68-79
Shortliff, E.: Computer base medical Consultions: Mycin, New York 1976
Schulte-Hillen, J.: Der Markt für Online-Datenbanken in Deutschland, Online 1988, Nr.5, S.44-46

Schultze, Stefan: Bunte Welt aus dem Computer, DOS International 1990, Nr.6, S.82-86

Schwärtzel,H.G.: Nutzungspotentiale neuer Informations- und Kommunikationstechnologien, Vortrag zum Symposium, Marketing Information Management, Innsbruck im Mai 1988

Schwetz, W.: Steigerung des Verkaufserfolges durch EDV-gestützte Vertriebssteuerung, Vortrag zum Symposium, Marketing Information Management, Innsbruck im Mai 1988

Scott, G.M.: Principles of Management Information Systems, Singapore 1986

Silk, D.J., Knight, A.V.: Managing Information, Hamburg 1988

Simon, H.: Herausforderungen an die Marketingwissenschaft, MZFP 1986, Nr. 3, S.205-213

Simon H.: Marketing im technologischen Umbruch, Stuttgart 1987

Shurkin, J.: Blackboards and Introspection, AI Research at Stanford is probing the human Mind, Stanford University News 1986 2-13-86

Sommerlatte, T., Wlash, I.S.: Das strategische Management von Technologien, in: Töpfler, Ahlfeld (Hrsg.): Praxis der strategischen Unternehmensplanung, Stuttgart 1986, S.298-321

Stahlknecht, P.: Einführung in die Wirtschaftsinformatik, 2. Auflage, Berlin 1985

Staudt, E.: Innovation durch Mikroelektronik, IBM-Nachrichten 34/1984, Nr. 271, S.7-14

Steffenhagen, H.: Marketingplanung by PC, Absatzwirtschaft 1987, Nr. 11, S.110-112

Sternberg, G.: Hochauflösende Flachbrettscanner, MC, 10/1988, S.50-53

Stone,M., Shaw,R.: Database Marketing for competitive Advantages, Long Range Planning 1987, Nr.2, S.12-21

Strauß, L.: Electronic Marketing, White Plains 1983

Strube, G.: Repräsentationsformen beim menschlichen Problemlösen, in: Proceedings GWAI-87 11th German Workshop on Artficial Intelligence, Berlin u.a. 1987, S.287-295

Suffolk,G.C.: Die Entwicklung im Scanning, Verkauf & Marketing 1987, Nr. 9, S.30-34

Taki, K.: The FGCS Computing Architecture, ICOT Technical Report TR-460, Tokyo 1989

Tank, W.: Entwurfziele bei der Entwicklung von Expertensytemen, Lehrstuhlpapier, FG Systemanalyse und EDV, TU Berlin 1988

Teege, F.: Integrierte Software - Kurz und bündig, München 1986

Tiemeyer, E.: DTP am Arbeitsplatz, Fortschrittliche Betriebführung und Industrial Engineering 1989, Nr. 38, S.118-123

Tietz, B.: Optionen für 2030: Szenarien und Handlungsalternativen für Wirtschaft und Gesellschaft in der BRD, Handbuch für Entscheidungsträger, Stuttgart 1986

Tietz, B.: Wege in die Informationsgesellschaft, Landsberg 1987

Theuer, E.: CAD - Techniken verändern den Konstruktions- und Entwicklungsprozeß, in: Vortragsreader zum IBM-Anwendungskongreß, Garmisch-Partenkirchen, Oktober 1989

Tomita, F., Tsuji, S.: Extraction of Multiple Regions by Smoothing in selected neighborhoods, IEEE Transactions of Systems, Man and Cybernetics (SMC) Vol. 7 1977, S.107-109

Tredenick, N.: Microprocessor Logic Design, Bedford 1987

Trommsdorff, V.: Konsumentenverhalten, Stuttgart u.a. 1989

Van Melle, W., Scott, A., Bennett, J., Peairs, M.: The EMYCIN Manual, Research Report 81-16, Stanford 1980

Von Falkenhausen, H.: Informationen aus Datenbanken, in: Technologie und Management 1988, Nr. 2, S.12-21

Von Keitz, B.: Wahrnehmung von Information, in: Unger, F.: Konsumentenpsychologie und Markenartikel, Heidelberg/Wien 1986, S.97-140

Voß, W.: Statistische Methoden und PC-Einsatz, Opladen 1988

Wagner, H.-P.: Decision Support Systems zur Portfolioanalyse, Computer Magazin 1987, Nr. 1/2, S.52-54

Waterman, D.A.: Expert Systems, Massachussetts 1986

Walz, D.: Generating semantic descriptions from drawings of scenes with shadows, in: Winston, P. (Hrsg.): The psychology of Computer Vision, New York 1975, S.19-92

Weber, G.: Steuerung von Geräten und Systemen durch Spracherkennung, in: Reader zur BIGTECH-Tagung "Elektronische Sprachsysteme", Berlin Dezember 1988, S.177-186

Weinhold-Stünzi, H.: Zwölf Thesen zur Distributionsinformatik, Thexis 1986, Nr. 3, S.40-47

Weinhold-Stünzi, H.: Screenage - Wohin steuert die Elektronisierung und welche Wirkungen sind zu erwarten ?, Thexis 1987, Nr. 3, S.1-10

Weinhold-Stünzi, H.: Computerisierung im Marketing, Thexis 1988, Nr. 5, S.1

Weinhold-Stünzi, H.: Kommunikation und Information mit IES - jetzt und in Zukunft, Thexis 6.Jg. 1989, Nr.5, S.2-7

Winograd,T., Flores, F.: Understanding Computers and Cognition, Norwood, New Jersey 1986

Wilson, D.C.: Current Research, Applications Foreshadow - AI's future Impact, Datamation 1987, Nr. 2, S.18-20

Winston, P.H.: Artificial Intelligence, 2. Auflage, MA 1984

Winston, P.: Artificial Intelligence: A Perspective, in: Grimson, W.E.L., Patil, R.S. (Hrsg.): Artificial Intelligence in the 1980s and Beyond, Cambridge 1987, S.1-11
Widmer, E.: DTP für den Marketing Manager, Thexis 1988, Nr. 5, S.15-19
Wührer, G.: Compunication in der Marktforschung, Marktforschung 1986, Nr. 3, S.79-81
Zander, K.: "Gläserne" Kommunikation und Wissenschaft, Vortrag Nr. 143 auf dem IBM Hochschulkongress, Berlin April 1989
Zehnder, C.A.: Informationssysteme und Datenbanken, Stuttgart 1985
Zentes, J., Schröer, P.: Intelligente Datenbanksysteme - Neue Wege des Wissens- und Technologietransfers, gdi-impuls 2.Jg. 1984, Nr.3, S.63-73
Zentes, J.: EDV-gestütztes Marketing, Berlin 1987a
Zentes, J.: Neuere Entwicklungen in der Marktforschung: Datengewinnung, MZFP 1987b, S.37-42
Zentes, J.: Der Einsatz neuer Medien im Marketing, in: Simon, H.: Marketing im technologischen Umbruch, Stuttgart 1987c, S.109-116
Ziegler, A.: Annahmen über zukünftige Entwicklungen, Marketing Journal 1984, Nr. 1, S.16-18
Zimmer, W.: Schnell geschaltet, Bit Juni 1986, S.46-48
Zucker, W.: Architekturalternativen, Computer Magazin 1987a, Heft 3, S.51-57
Zucker, W.: ISDN - Stand der Entwicklung, Computer Magazin 1987b, Nr.10, S.52-53
Zue, V.W.: Automatik Speech Recognition and Understanding, in: Grimson, W.E.L., Patil, R.S.(Hrsg.): Artificial Intelligence in the 1980s and Beyond, Cambridge 1987, S.185-200
o.Verf.: Künstliche Intelligenz und Expertensysteme in den neunziger Jahren, Informationssysteme Aktuell 1986, Nr. 19, S.5-17
o.Verf.: Parallel in die Zukunft, bit November 1987a, S.50-54
o.Verf.: Interaktives Kommunikationssystem mit Zukunft, Verkauf & Management 1987b, S.52-54
o.Verf.: Realismus statt Euphorie, Büro- und Informationstechnik 1987c, Nr. 6, S.66-68
o.Verf.: Wenn der Computer zum Nervenbündel wird, Blick durch die Wirtschaft v. 25.05.1988a
o.Verf.: Neuronalcomputer treiben die automatisierte Mustererkennung voran, Blick durch die Wirtschaft v. 22.08.1988b
o.Verf.: Japanische Unternehmen verstärken die Forschung für Neuronalcomputer Blick durch die Wirtschaft v. 22.11.1988c
o.Verf.: Optisches Laufwerk für digitales Papier, PC Magazin 1988d, Nr. 16, S.16-17
o.Verf.: Trotz Fensterwirrwarr gute Aussichten, Personal Computer 1988e, Nr.2, S.52-55

o.Verf.: Intels 64-Bit Prozessor schlägt ein neues Kapitel auf, Blick durch die Wirtschaft v. 06.03.1989a

o.Verf.: Die Graphikdarstellung dringt in den Bereich der Superrechner vor, Blick durch die Wirtschaft v. 16.06.1989b

o.Verf.: Bessere Chips durch "kalten" Aufdampfprozeß, Blick durch die Wirtschaft v. 26.06.1989c

o.Verf.: Deutsch-Japanische Kooperation bei löschbaren optischen Speichern, Blick durch die Wirtschaft vom 29.06.1989d

o.Verf.: Was leisten Expertensysteme im Marketing?, Teil I, ASW 1989e, Nr.12, S.38-49

o.Verf.: Motorola und TRW mit neuem Superchip, Blick durch die Wirtschaft v. 08.01.1990a

o.Verf.: Was leisten Expertensysteme im Marketing?, Teil II, ASW 1990b, Nr.1, S.62-67

Stichwortverzeichnis

Aus unserem Programm zum Thema „Marketing"

Gertrud Achterholt
Corporate Identity
Ih zehn Arbeitsschritten
die eigene Identität finden
und umsetzen
1988, 208 Seiten, gebunden 78,– DM
ISBN 3-409-13620-7

Klaus Bente
Product Placement
Entscheidungsrelevante Aspekte in der
Werbepolitik
1990, XV, 263 Seiten, Broschur 78,– DM
ISBN 3-8244-0043-X

Manfred Bruhn
Marketing
Grundlagen für Studium und Praxis
1990, 290 Seiten, Broschur 36,– DM
ISBN 3-409-13647-9

Robert D. Buzzell
Marketing im Zeitalter der Compunications
Neue Chancen durch Computer
und Telekommunikation
1988, 354 Seiten, gebunden 98,– DM
ISBN 3-409-13615-0

Heinz Dallmer (Hrsg.)
Handbuch Direct Marketing
6., völlig überarbeitete Auflage 1990,
XII, 884 Seiten, gebunden 248,– DM
ISBN 3-409-36700-4

Erwin Dichtl/Hans Raffée/
Michael Thiess (Hrsg.)
Innovatives Pharma-Marketing
Marktorientierung als Erfolgsstrategie
der 90er Jahre
1989, 512 Seiten, gebunden 198,– DM
ISBN 3-409-13624-X

Lutz Fitzgerald
Investitionsgütermarketing auf Basis industrieller Beschaffungsentscheidungen
1989, XIII, 318 Seiten, Broschur 78,– DM
ISBN 3-8244-0024-3

Hubert Grawe
Effizientes Marketing mit Personal Computing
Marketing, Management,
Softwarebewertung,
PC-Datenbanken
1987, 202 Seiten, gebunden 68,– DM
ISBN 3-409-13611-8

Wolfgang Hilke (Hrsg.)
Dienstleistungs-Marketing
(Schriften zur Unternehmensführung,
Band 35)
1989, 133 Seiten, Broschur 38,– DM
ISBN 3-409-17904-6

Ingrid Keller
Das CI-Dilemma
Abschied von falschen Illusionen
1990, 146 Seiten, gebunden 68,– DM
ISBN 3-409-18706-5

Mario Kliche (Hrsg.)
Investitionsgütermarketing
Positionsbeschreibung und Perspektiven
1990, XIV, 405 Seiten, gebunden 89,– DM
ISBN 3-409-13644-4

Ralf Kreutzer
Global Marketing
Konzeption eines
länderübergreifenden Marketing
1989, XX, 390 Seiten, Broschur 78,– DM
ISBN 3-8244-0017-0

BETRIEBSWIRTSCHAFTLICHER VERLAG DR. TH. GABLER, TAUNUSSTRASSE 54, 6200 WIESBADEN

Aus unserem Programm zum Thema „Marketing"

Helmut Kuhnle
Was bewegt Marketing?
1989, 320 Seiten, Broschur 58,– DM
ISBN 3-409-13625-8

Walter F. Liebl
Marketing-Controlling
Theorie, Praxis, Möglichkeiten
1989, 173 Seiten, Broschur 48,– DM
ISBN 3-409-13626-6

Marketing zwischen Theorie
und Praxis e.V. (Hrsg.)
Marketing 2000
2., durchgesehene Auflage 1989,
394 Seiten, gebunden 68,– DM
ISBN 3-409-23616-3

Heribert Meffert
Arbeitsbuch zum Marketing
Aufgaben, Fallstudien, Lösungen
4., erweiterte Auflage 1987, X, 408 Seiten,
Broschur 39,– DM
ISBN 3-409-69084-0

Heribert Meffert
Marketing
Grundlagen der Absatzpolitik
7. Auflage 1986, 740 Seiten,
gebunden 54,– DM
ISBN 3-409-69014-X

Heribert Meffert
Marketing-Management
1991, ca. 1000 Seiten,
gebunden ca. 89,– DM
ISBN 3-409-16903-2

Gundolf Meyer-Hentschel
Erfolgreiche Anzeigen
Kriterien und Beispiele zur Beurteilung
und Gestaltung
1988, 248 Seiten, gebunden 148,– DM
ISBN 3-409-13614-2

Claus Muchna
Strategisches Marketing
Früherkennung auf
Investitionsgütermärkten
1989, XXIV, 698 Seiten, Broschur 108,– DM
ISBN 3-8244-0002-2

Friedrich A. Rode
Der Weg zum neuen Konsumenten
Wertewandel in der Werbung
1989, 171 Seiten, gebunden 98,– DM
ISBN 3-409-18400-7

Klaus M. Schöttle (Hrsg.)
Jahrbuch Marketing
5. Ausgabe 1990, 510 Seiten,
gebunden 128,– DM
ISBN 3-409-18402-3

Jörg Stoffels
Der elektronische Minimarkttest
1989, 226 Seiten, Broschur 68,– DM
ISBN 3-8244-0018-9

Karl-Heinz Strothmann/Mario Kliche
Innovations-Marketing
Markterschließung für Systeme
der Bürokommunikation
und Fertigungsautomation
1989, 185 Seiten, gebunden 72,80 DM
ISBN 3-409-13621-5

Erwin G. Walldorf
Auslands-Marketing
Theorie und Praxis
1987, 571 Seiten, gebunden 146,– DM
ISBN 3-409-13003-9

Zu beziehen über den Buchhandel
oder den Verlag.

Stand: 1.8.1990
Änderungen vorbehalten.

BETRIEBSWIRTSCHAFTLICHER VERLAG DR. TH. GABLER, TAUNUSSTRASSE 54, 6200 WIESBADEN